ものがたりで学ぶ経済学入門

［日］根井雅弘 著

申晶晶 译

半小时经济学

民主与建设出版社

·北京·

© 民主与建设出版社，2020

图书在版编目（CIP）数据

半小时经济学 / （日）根井雅弘著；申晶晶译 . --
北京：民主与建设出版社，2020.11（2021.5 重印）
　书名原文：ものがたりで学ぶ経済学入門
　ISBN 978-7-5139-3246-2

　Ⅰ . ①半… Ⅱ . ①根… ②申… Ⅲ . ①经济学—通俗
读物 Ⅳ . ① F0-49

中国版本图书馆 CIP 数据核字 (2020) 第 196927 号

本书简体中文版由北京竹石文化传播有限公司出版

版权登记号：01-2020-6589

半小时经济学
BANXIAOSHI JINGJIXUE

著　　者　[日]根井雅弘
译　　者　申晶晶
责任编辑　胡　萍
封面设计　焱　玖
出版发行　民主与建设出版社有限责任公司
电　　话　（010）59417747　59419778
社　　址　北京市海淀区西三环中路 10 号望海楼 E 座 7 层
邮　　编　100142
印　　刷　唐山市铭诚印刷有限公司
版　　次　2021 年 1 月第 1 版
印　　次　2021 年 5 月第 2 次印刷
开　　本　880mm×1230mm　1/32
印　　张　7.5
字　　数　150 千字
书　　号　ISBN 978-7-5139-3246-2
定　　价　42.00 元

注：如有印、装质量问题，请与出版社联系。

写在前面的话

　　本书是一本别具一格的经济学入门书籍。笔者作为一名经济思想史学者，主要从事自亚当·斯密（Adam Smith）到现代经济思想史的研究和教学工作。

　　然而，笔者最近越发强烈地感觉到，大学生所学的经济学理论和历史，没有和高中所学的经济和历史内容很好地结合起来。

　　初中和高中教科书的难度往往超出了学生的思维程度，甚至包含一些相对高深的描述。

　　但是，有些地方将亚当·斯密描述成自由放任主义者，把约翰·梅纳德·凯恩斯（John Maynard Keynes）当作经济学史上首次和自由放任主义决裂的人等，从专家的角度看，这样的描述都有问题，但依然散见于各种教科书。

　　学生们进入大学，修完经济理论和经济学史后，吃惊地发现亚当·斯密实际上是一位道德哲学家，而且还可能对在应试学习中学到的"亚当·斯密 = 自由放任主义者"这样的知识产生疑问。

更进一步说，经济学的入门书籍大多是由经济理论的专家所著，对思想史所知不多，往往就沿用了"亚当·斯密＝自由放任主义者"这样的公式化提法。

如果不摒弃这样的理解（或者说是误解），可能会对学习经济学史造成阻碍。

在大学教授《经济学史》和《现代经济思想》的这几十年来，笔者注意到，像这种使学生头脑混乱的例子还不少。

因此笔者试图编写一本经济学入门书籍，能够取中学和高中教科书内容之精华，补其不足。

为了尽量不让此书的内容落入俗套，于是采用虚构小说的形式，以高中三年级学生"经太"为主人公，描述他和各位伟大的经济学家的对话情节。

当然，虽然书中的对话是虚构的，但在其背景中力图实现经济学思想和理论解释的准确性，使对话合情合理。

本书将经太设定为荣一（初中三年级）的家教老师，荣一的父亲是经济学者杉本老师。经太在杉本老师的指导和带领下不知不觉走进了经济学的世界。

笔者知道有些读者会觉得，将经太设定为高中生，他表现出的聪明才智或许有点儿过头了，但笔者相信，聪明有才华的高中生在国内不在少数。成年人万不可轻视优秀高中生的智力水平。

正如拙作《经济学家的学习方法》中写的那样，虽然我没有像杉本老师那样的导师，但有幸在年轻时与社会学者、伟大的教育者清水几太郎（1907—1988）相识，并在与清水老师的谈话中汲取到了极其宝贵的智慧。

在创作杉本老师指导经太这个剧情过程中，笔者也清晰地回忆起了年轻时和清水老师谈论学问的场景，觉得不可思议。

笔者相信，经济学是拥有伟大传统的学科，值得穷其一生去学习。

但愿本书的主旨能够确实地传达给年轻人。

目录

第一章
想更多地了解经济学

经济学如此有趣，以至于你一开始研究它，就没有兴趣关心其他什么事情了。

——格里高利·曼昆

迷茫的高中生经太

高中三年级学生经太正对自己的前途感到迷茫。

他在高中二年级时，就已经学完了整个高中三年的科目，最后一年为了准备高考去读了考试学校，但学校里的课程是一点儿意思都没有。

语文、数学、英语都不讨厌，而且成绩还可以，就是不知道自己以后往哪个方向发展。

不过语文老师的意见倒是帮了忙。

老师说，如果目标是进入会在考试中出小论文题目的那样的大学，一般就去浏览新闻专栏、超日新闻的《天声人语》那样的节目，或者《夕刊文化面》等。

《天声人语》是面向大众的节目，的确专门术语不多，但养成每日阅读的习惯，也不是一件容易的事。

作为备考学生，经太虽然很忙，但还是想办法坚持下来了。

虽然这些内容不难，但如果真的是只有评论员一个人每天写的话，肯定要具备相当高的水平，需要精通社会、政治经济、文化等领域才行。

但有人告诉他，实际上某些专栏除了主笔者外还有其他的代笔者。

虽然有些失望，但仔细一想，人都是要休息的，所以也不足为怪。

就这样，经太每天坚持阅读《天声人语》，但《夕刊文化面》中就有些让他感到很难读懂的内容了。

这当中有很多著名学者的投稿，也有关于米歇尔·福柯、海德格尔的哲学报道，由于储备知识不足，连一知半解都难以达到。

除此之外，也有像马克思诞辰 200 年（2018）这样比较好读的新闻。

因有语文老师的建议在先，所以拿到报纸后，其他类型的报道也顺便读了读。最近像"差别"和"不平等"等词汇不断涌现出来。

在政治经济课上，其他一些学生因为讲课的内容和考试没关系，便打起了瞌睡，但经太却是非常喜欢。

这样迷茫下去也不是办法，所以经太打算和杉本老师聊一次。

杉本老师的儿子荣一正在上初三，也是机缘巧合，经太偶尔辅导他学习英语和数学。

虽说自己达不到家教老师的那种程度，但荣一属于那种一教就会的学生，所以这份工作也算舒心。

而且，辅导荣一的时候，听说 H 大学经济学部的优秀毕业生杉本老师好像在这附近的大学教课，这让他十分高兴。

杉本推荐曼昆的经济学入门书

杉本："经太，你说学校的政治经济课有意思，这在高中生中倒是少见啊。"

经太："是不是少见我不太清楚，只是在读新闻的经济板块的时候，注意到很多像'通货紧缩''差别'等词，所以我很想学习一下。"

杉本："不错！比我们的大学生还有发现问题的意识。那我就给你讲一个有趣的话题。"

杉本老师从书架拿出一本外文书，打开笔记本电脑。厚厚的一本书，像是大学经济学的教科书，上面写着 Gregory Mankiw, *Principles of Economics*, 6th edition South-Western, 2012。

杉本："这是年纪轻轻就当上哈佛大学教授的青年才俊格里高利·曼昆所著的经济学入门书，是全美大学都使用的畅销教科书。经济学入门级的内容几乎都在这本教科书中，如果想知道经济学是何种学问，这本书不得不读。但实际上，关于曼昆的课，之前还发生了一些事件。"

经太："事件指的是？"

杉本："你知道 2008 年的雷曼兄弟破产事件吧？"

经太："政治经济教科书里面有提到 [1]。

听说是因金融危机而导致美国的投资银行——雷曼兄弟破产的事。

但我记得书上没有细说到底是什么原因导致了金融危机。"

杉本："至少你听说过，已经算是了不起了。

金融危机的原因我们暂且不下结论，这是后话。这里想说的是，在雷曼事件之后，世界陷入经济萧条，即使在美国也有四成的年轻人没有工作，所有积聚的不满在 2011 年 9 月爆发。这场运动从纽约的华尔街开始扩散开来。他们喊着'纠正经济

---

[1]　日本高等学校教科书《详说政治经济》（山川出版社，2015 年版）一书中写道，经济衰退称作 recession，衰退到了严重的状况时，就叫作萧条（depression）了。1929 年发生的那次世界性恐慌是最激烈、持续时间最长的恐慌。在那以后，基于凯恩斯的有效需求理论，在萧条时期中央银行出面缓和金融，政府扩大财政支出，防止萧条向更严重的方向发展。2007 年的次贷危机以及 2008 年的雷曼兄弟破产事件导致的经济衰退也是自世界大恐慌以来规模较大的、世界性的萧条。各国的中央银行实施金融缓和措施，很多政府采取扩张性的财政政策，但政府的财政赤字的增加导致一些国家的国债信用降低，由此导致了金融危机。

差别''增加对富裕阶层的征税'等口号。"

经太："我不太了解这场运动。"

杉本："没关系，你要是知道我反而会吃惊。

关于这场运动，在网上有大量的报道。但这些报道的内容
参差不齐，所以你也注意甄别一下。

我想介绍的是，占领华尔街运动（Occupy Wall Street
Movement）开始之后，哈佛大学一部分大学生抵制曼昆主讲
的 Ec10[①] 课程这件事。"

经太："为什么这些学生要抵制？"

杉本："曼昆是在 29 岁就成了哈佛教授的天才，虽说在美
国提拔人才是以实力为主，不看年龄，但曼昆可以说是异于常
人的迅速地取得了成功。Ec10 是一门传统的课程，在过去是
一门重要的科目，以至仅有包含曼昆在内的三名主讲人。"

经太："是吗？看来是很重要的科目呢。"

杉本："当然重要，这门课不光是经济学专业的，其他专

---

① 编者注：Economics10，简称 Ec10，中文名为经济学原理。

业的也有很多人来选，可以说是有很大的影响。甚至有人说它挑起了哈佛的文科教育的大梁。但曼昆并没有对占领华尔街运动和'差别'等表现出多大的关心，这成了学生们抵制他的理由。而且这还和他在乔治·W．布什共和党政府的总统经济咨询委员会里任委员长（2003—2005）有关系。其政治上稍微倾向保守。"

经太："越来越有意思了。老师，能把这本书借我吗？"

杉本："好啊。你英语很好，我不担心，这本译本也一起借给你。有不懂的地方可以参考一下。"

为什么曼昆的课程遭到抵制

从杉本老师家回到自己住处后，经太又回想了一下今天老师讲的那些内容。

一些学生抵制了哈佛大学著名教授曼昆的重要课程。

他们对雷曼事件后经济差别的扩大感到义愤，对占领华尔街运动产生共鸣。

曼昆教授却和这场运动保持了距离。

不对，在他们眼中，是曼昆无视运动的存在，所以才抵制他。

事件的来龙去脉很清楚，但还得知道一些深入的信息。

经太打开笔记本电脑，杉本老师告诫过，不要相信网上出处不明的内容，于是他找了正经媒体的报道来读。

一个是哈佛大学的学生团体出品的《哈佛深红报》(Harvard Crimson)，另一个是《纽约时报》(New York Times) [1]。

如杉本老师所说，面向入门者的 Ec10 课程的主讲人只有三位。

其中一人是德国人奥托·埃克斯坦（1927—1984）。他是林登·B. 约翰逊民主党政府的总统经济咨询委员会的成员（1964—1966）。因此，在政治上他属于自由派。

政策指向性很强的埃克斯坦，从 1960 年开始到去世一直负责这个课程，着重从把经济分析作为公共政策评价工具这个角度来教授。

当时是冷战时期，因此对苏联经济也有分析。

在 1977 年，Ec10 曾更名为 Social Analysis 10。

也许是 Ec10 的形象太深入人心，据说埃克斯坦被取了个"埃克 10（Otto Ec-10）"的昵称。

值得注意的是，他不仅教给学生一种理论，同时也教古典

---

[1] 参考了以下几则报道（2019 年 2 月 1 日浏览）

http://www.thecrimson.com/article/2018/3/1/history-of-ec-10/

http://www.nytimes.com/2011/12/04/business/know-what-youre-protesting-economic-view.html

学派和社会学思想流派等理论。

这和从杉本老师那里借来的厚厚的曼昆教科书大相径庭 ①。

再后来发现，曼昆这本书的索引当中，有亚当·斯密和凯恩斯，但是没有马克思。

埃克斯坦的后继者是出生于纽约的马丁·费尔德斯坦（Martin Feldstein，1939—2019），他曾是罗纳德·里根共和党政府的总统经济咨询委员会的委员长（1982—1984），因此被认为是保守派。

从他开始成为负责人开始，Ec10 也和今天一样，接近于标准化的经济学入门课程。

Ec10 既不偏向特定的政治立场，也在想办法避免偏向于有某些拥有特别能力的学生（比如数学能力）。

为了使课程张弛有度，学院千方百计从其他地方请客座讲师来，同时将标准化的经济学课程置于其核心位置，决不将马克思经济学和其他流派编入其中。2005 年，继承费尔德斯坦衣钵的就是现在的负责人曼昆。

曼昆的 Ec10 就是一门经济学入门课程，和世界上教授的其他同种类的课程比起来也没有什么特别不同的地方。也就是说，它是一门具有"微观经济学"和"宏观经济学"二元体系的课程。

---

①　虽然成人不太清楚高中政治经济到底教到什么程度，但关于亚当·斯密（古典派）、马克思（社会学思想流派）、凯恩斯等内容，在教科书都有。虽然对于这三人的经济思想和经济理论的解释能够详细和准确到什么程度存在不同意见，但绝不可轻视优秀高中生的知识水平。

经太读到的信息显示，对微观经济学影响最大的是 18 世纪苏格兰的经济学家亚当·斯密，而对宏观经济学产生影响的则是 20 世纪英国的经济学家约翰·梅纳德·凯恩斯。

虽然不知道微观经济学和宏观经济学的内容，政治经济教科书里有关于斯密"看不见的手"和凯恩斯"有效需求"理论的简单解释。

马克思经济学经太也学过，但曼昆的课程里却没有马克思经济学。

经济学的入门课程主要介绍标准化的理论，在某种程度上也是没办法的事。但占领华尔街运动的参与者因此认为曼昆完全忽视了对标准化课程的替代尝试。

对于这些批评，曼昆反驳道，他本人也不时从其他地方邀请讲师来做客，听取多种意见。

对此经太认为，经济差别问题和标准化替代尝试问题的重要性不言而喻，但在那之前，如果不知道标准化经济学本身的内容，就没有发言权。

那些抵制曼昆课程的学生，真的都已经修完标准化课程了吗？

不。曼昆的课程只是讲授经济学的入门内容，中途中断的话，岂不是只学到了标准化经济学的半桶水吗？

所以结论是，先读读从杉本老师那里借来的曼昆教科书，如果有疑问的话，就去请教一下。

就这么定了。经太赶紧把书拿出来开始读。

经太从书的开头开始读。①

微观经济学

本来之前先入为主地觉得大学的教科书不好读，但令人吃惊的是美国教科书的解释细致得像把内容嚼碎一般。

在之前读过的信息中，经太记得有这样的描述："微观经济学受亚当·斯密的影响最大。"

高中政治经济教科书中写道，亚当·斯密主张政府是"守夜人政府"，只认可它在国防和治安等必要的最低限度的作用，基于这种观点，提出了排除政府干预经济活动的"自然放任主义（laissez-faire）"。

斯密提出的"看不见的手"也理所应当地成为"自由放任主义"的象征词汇②。然而曼昆的教科书，将斯密的"看不见的手"和价格的自动调整功能联系起来进行解释。

这是"微观经济学"吗？

不管怎样，看看曼昆的解释吧。

---

① 《曼昆经济学（微观篇）》第三版（足立英之译），东洋经济新报社（日本），2013年版。

② 日本高等学校教科书《详说政治经济》，山川出版社，2015年版，第110页。

1776 年出版的《国民财富的性质与原因研究（国富论）》中，经济学家亚当·斯密提出了一个在经济学中最有名的思想。

　　在市场中互相影响的家庭经济和企业，就像被一只"看不见的手"引导，最终达到期待的理想状态。

　　在本书中我们的目标之一是，理解这只看不见的手是如何发挥魔力的。

　　随着对经济学的学习，会将价格理解成看不见的手对经济活动的引导手段。

　　不管是哪个市场，买方根据价格决定自己的需求量，卖方根据价格决定自己的供给量。

　　作为买方和卖方意思得出的结果，价格不仅反映了对于各个社会该产品的价值，也反映了该社会为生产该产品所需的费用。

　　<u>斯密的重要洞察是，价格会自发调整，并指引这些单个买者和卖者达到某种结果，该结果在大多数情况下，会实现整个社会福利的最大化。</u>①

经太想起来这是政治经济课中学到的价格自动调整功能。

产品和服务的买方（"消费者"或者"家庭经济"）通常在价格高的时候减少需求，相反，在价格低的时候增加需求。可

---

　　① 《曼昆经济学（微观篇）》第三版（足立英之译），东洋经济新报社（日本），2013 年版，第 16 页。

以用向右下倾斜的需求曲线来表示。

另一方面，产品和服务的卖方（"企业"）则在价格高的时候增加供给，同时在价格低的时候减少供给。用向右上倾斜的供给曲线来表示。

于是，需求曲线和供给曲线的交叉点，就决定了"均衡价格"。

这些都是政治经济教科书中有的内容。

不要小瞧了高中的教科书。

经太在"斯密的深刻洞察"这里贴上附笺，接下来的文章如下，和政治经济教科书的内容完全一样。

> 市场均衡价格这个点，就是买方想买、有能买到的产品量，与卖方想卖、有能卖的产品量的相平衡。
>
> 在这里，市场的所有参与者都能得到满足。
>
> 在各种各样的市场中，随着产品在均衡价格上交易，社会全体的资源分配也在高效地进行。[1]

但是，教科书里的确没有写这是斯密的洞察。

这些真的是斯密想说的吗？

接着读曼昆的书，书中写道，所谓微观经济学就是"研究家庭经济和企业的意思决定，和它们在特定市场中的相互作

---

[1] 日本高等学校教科书《详说政治经济》，山川出版社，2015 年版，第 119 页。

用"的领域。

家庭经济的意思决定就是买什么、买多少，企业的意思决定就是生产什么、生产多少。

如果是这样的话，微观经济学就是一门更严密地解释上文所示的需求曲线和供给曲线的交叉点决定均衡价格的学问。

对于这个点，经太打算下次去拜访杉本老师的时候问一下。

关于价格自动调整机能

又到了辅导荣一英语和数学的日子。

虽然在现在的经太看来，中学的英语和数学很简单，但是英语语法基础和代数、几何基础一定不能疏忽大意，必须要好好地辅导。

荣一："前辈和我父亲讨论了经济学，是真的吗？"

经太："嗯，差不多吧，对于经济学还有很多不懂的地方，等下还要向老师提问。"

荣一："'经济'的话，在中学的公民教育里也稍微学了一点。"

荣一边说一边把初中的课教科书拿出来给经太看。

啊！虽然用语更简单，但和高中的政治经济书上的东西几乎一样啊！什么需求曲线、供给曲线、均衡价格都有。[①]

看来也不能小看了初中的教科书。

当然，曼昆的教科书比初高中的教科书更有分量，有更多的不常见的用语和图示。

但是，在初中的教科书中也出现了关于价格自动调整功能的简单描述，说明它以及和它有深刻关联的微观经济学是多么重要的学问。

想到这里，经太觉得有更多的问题想向杉本老师请教了。

杉本老师正坐在椅子上阅读外国杂志，看到经太后，赶紧招呼起来。

杉本："曼昆的教科书读了一些了吗？"

经太："是的。正在一点一点地看。有些问题需要向您请教。"

杉本："当然，尽管说，你还挺认真的啊。"

经太："先问一个我最不明白的点。曼昆的教科书中，将'发现'价格的自动调整功能描述成亚当·斯密的伟大功绩，

---

① 《社会学·公民（初中版）》，帝国书院（日本），2018 年版，第 110-111 页。

但看了荣一的公民课教科，发现初中也在学关于价格的自动调整功能。亚当·斯密的教诲真的是那样的吗？"

杉本："这个问题点提得很不错呢，值得夸奖。但是很遗憾，这个问题不能给出 1+1=2 那样的答案。

不光是曼昆，美国的教科书中有很多把亚当·斯密看作是在《国富论》中强调利己心（self-interest）的经济学者。

每个人都基于自己的利己心行动，即使是这样，市场经济也没有陷入无秩序的状态，这当中就是价格在起到自动调整的功能，调节需求和供给两方。

需求曲线和供给曲线的交叉点决定了均衡价格的观点，直观地看也不难理解，所以才被初高中的教科书采用了吧。'看不见的手'这个词，也是从那个语境中出来的吧？"

经太："是的。我从某个报道上读到，解释这种价格调整功能的学问就是微观经济学吧？"

杉本："这么想基本上也没问题。

在以前，微观经济学也叫作价格理论。

但要注意，所谓微观，就是为了和另一门重要的学问——宏观经济学做对比而提出来的。

宏观经济学是一门研究体现国家整体经济规模的 GDP（国内生产总值）、经济周期、经济增长以及通货膨胀或紧缩等有关整体经济的学问。

与之相对应，微观经济学首先关注的是个别的经济主体（家庭经济和企业），然后对它们在市场经济中建立需求和供给关系时，遵循什么样的法则或者理论进行研究。

像这样，当今的经济学就形成了以宏观经济学和微观经济学两大门类为主的体系。

再展开来说会有些难，现在微观和宏观的区别你知道了吧？"

经太："知道了。看来不光是微观，宏观也挺重要的呢。"

杉本："我个人觉得啊，可以理解为，美国由于自由放任主义的传统根基还很深厚，他们将'即使每个人顺着自己的利己心行动，社会整体也能达到调和状态'这种思想和斯密的'看不见的手'关联起来，并把它上升为'重要的洞察'。

不管怎么说，亚当·斯密的名字很响亮，有利用价值。当然，说这话的人，也许是少数派也说不定。但是我觉得，把斯密的思想一锤定音为自由放任主义，是一种明显的片面化。"

经太："片面化的意思是？"

杉本："亚当·斯密现在虽被称为经济学者，但原本他是生于 18 世纪苏格兰的一位伟大的道德哲学家。

你要记得，他的《国富论》当然重要，但比起《国富论》，让他在欧洲一举成名的是刊行于 1759 年的《道德情操论》。"

经太："这样啊！道德哲学是一门什么学问呢？"

杉本："对于这个问题不能用一句话回答。但可以说，亚当·斯密的道德哲学（moral philosophy），就是解释为什么每个人凭自己的利己心行动的同时，还能构成社会的正常秩序的学问。剩下的我们下回再分解。我现在要出门办事，今天就到此为止吧。"

经太："好的。"

对亚当·斯密的误解

经太一直惦记着亚当·斯密的事，于是在回家的路上顺道去了趟图书馆借了几本书。

一直以为斯密是经济学的创立者，原来他是一位道德哲学家。

在曼昆的教科书中，斯密的名字是作为一个"利己心"的经济学家出现的，这个和道德哲学又有什么样的关系呢？

　　从图书馆借来的书上的内容来看，似乎斯密的道德哲学不是狭义上的伦理学，而是一种社会哲学原理。

　　如果没能往下看的话是不会明白的。

　　社会哲学到底是怎样的学问呢？不过，刚一开始读这本高岛善哉的《亚当·斯密》，经太就从里面的一段描述得到了重要的提示。

　　　　且不说《道德情操论》，就连把《国富论》翻开任何一页来看，都没有一处'自由放任'的字眼映入眼中。

　　　　也许有人会反驳我的调查方法不是非常的充分，我也知道我的这个论断会吓到一部分读者，但是首先请相信我的理解没有错误。

　　　　也就是说，亚当·斯密的自由思想被说成自由放任这样的口号，并不是斯密自身的原因，而是后世的模仿者和解释者的原因。

　　　　斯密本人与那种轻薄的语言和思想没有什么瓜葛。不管是利己心还是自由主义，抑或是个人主义，把这些仅仅作为单个词汇理解，或者仅仅凭自己的心情和感情粗浅地吸收，都造成了严重的错误，把斯密这样的大思想家的言论轻易地进行了曲解。

　　　　像这样对亚当·斯密的误解，是时候来解释清楚了。①

真的是这样吗？

对于高中教科书水准之上的世界，经太有种管中窥豹的感觉。

今天辅导了荣一，又看了几个小时书，经太感到有些累了。很快睡意袭来，进入了另一个世界，接下来就是梦乡中的故事了。

---

① 高岛善哉:《亚当·斯密》，岩波书店（日本），1968年版，第3-4页。

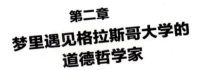

第二章
梦里遇见格拉斯哥大学的道德哲学家

我们赞同别人的情感，并不意味着我们和对方的情感一定要完全相同。

——亚当·斯密

经济飞跃式发展为学术创造条件

在梦中，经太来到一个陌生的国度。

街上行人的讲话像是英语，但仔细听又不怎么能听懂。

真的是英语吗？

如果这里真是英国，总该有伦敦塔和西敏寺吧？找半天也没看见。

也许这里不是伦敦呢。

有个商贩在说詹姆士·瓦特（1736—1819）的事儿，讲述他是如何得到校方的特许，在格拉斯哥大学校园内拥有自己的工作室的。

詹姆士·瓦特！

这人应该就是在后来成功改良蒸汽机构造，并点燃工业革命导火索的那个瓦特吧！

亚当·斯密的介绍书中写道，他和瓦特在格拉斯哥大学曾有一段同校时光。[①]

经太回想了一下自己在世界史中学到的东西。

---

① 高岛善哉：《亚当·斯密》，岩波书店（日本），1968年版，第37页。

哈格里夫斯的珍妮纺纱机、阿克莱特的水力纺纱机、克朗普顿的骡子纺纱机等，从 18 世纪后半期开始，发明创造层出不穷，再加上卡特莱特发明水力织布机和瓦特改良蒸汽机，纺织工业的生产效率从此有了飞跃式的发展。

斯密于 1790 年去世，当然不会知道之后的机械化大工业的发达，以及进入 19 世纪后的各种故事（例如史蒂芬孙的蒸汽机车、美国人富尔顿的蒸汽船试制）。

但无论如何，斯密生活的英国在当时已称得上是工业革命的一盏明灯。

说到英国，经太突然意识到格拉斯哥在苏格兰。

为谨慎起见，又回想了一下英格兰和苏格兰两国合并的时间，是在 1707 年。从那时起，已经是大不列颠联合王国了（下文除了有必要区分英格兰和苏格兰的地方，一律统称"英国"）。

1723 年 6 月 5 日，斯密出生于苏格兰东海岸的一个叫寇克卡迪的村庄，是在英格兰和苏格兰两国合并后出生的。然而在合并之前毕竟是两个国家，难免有一些摩擦。在那之后也发生了詹姆士党叛乱（1715 年和 1745 年），图谋复辟苏格兰斯图亚特王朝。

苏格兰的中部平原（lowland）和北部高地（highland）之间，原本就存在贫富差异，即使和英格兰合并后，这个问题依然悬而未决，来自高地的不满最终导致了叛乱的爆发。

如果合并只带来了负面效果，那么这个合并定然也不会长久。借由合并，苏格兰也开始参加北美和西印度等地的殖民地贸易。

格拉斯哥和周边地带也逐渐享受到其所带来的利益。

这样的经济发展，创造了自由和进步的氛围，也带来了学术的发展。

斯密的传记和介绍①里写道，像道德哲学这种思考在商业化发展到一定程度的社会里的人性和道德面貌的学问，它的起源就是苏格兰的这个时期。

研究这些问题的人，被称作"苏格兰启蒙思想家"。比如斯密的老师弗兰西斯·哈奇森、大卫·休谟、威廉·罗伯特等，斯密本人也是这个谱系中的思想家。

穿越到斯密的大学课堂：《道德情操论》

脑海中的问题越来越多了。

对了！斯密就在这所格拉斯哥大学的讲台上。

去蹭课吧。

虽然在这种地方用平板电脑属于"犯规"，但来到一条不知东西南北的陌生的街道，确实没办法！

经太努力地查找格拉斯哥街道和大学的信息。

---

① 水田洋：《亚当·斯密》，讲谈社（日本），1997年版。

格拉斯哥大学创立于 1451 年，是一所历史悠久的大学。

在斯密的时代，大学位于高街，在 1870 年搬迁到吉尔莫山。这样说来，斯密当时还在高街。

在只见过日本城市里的大学的经太面前，一座不像大学而像城堡的建筑映入他的眼帘。

一想到斯密就在这里讲课，经太的心就扑通扑通地跳了起来。

斯密在格拉斯哥大学求学之后，拿着奖学金又去了牛津大学。由于对牛津大学的学术氛围倍感失望，5 年后又回到了家乡。

对他来说，牛津大学只有图书馆是有价值的，在那里他读了大量自己喜欢的书籍，收获了满身的学识。

不久后，从 1748 年的冬天开始，他三度在爱丁堡发表关于修辞学和文学的公开演讲，博得了好评。由于这些好评，他在 1751 年被任命为格拉斯哥大学的伦理学教授，第二年因道德哲学讲座的负责人去世，他成了继任者。

被斯密称为"难以忘怀的恩师"的哈奇森，用英语而不是用拉丁语讲课的行为成了斯密学习的榜样，不久斯密呕心沥血修改的《道德情操论》于 1759 年出版。该著作在欧洲的知识分子阶层中广为传播，斯密作为道德哲学家的名声更加远扬了。

现在，斯密站在讲台上。

他缓缓地朗读了《道德情操论》的开头文章。

无论人们会认为某人怎样自私，这个人的天赋中

总是明显地存在着这样一些本性，这些本性使他关心别人的命运，把别人的幸运看成是自己的事情，虽然他除了看到别人幸福而感到高兴以外，一无所得。

这种本性就是怜悯或同情，就是我们常为他人的悲哀而感伤，这是显而易见的事实，不需要用什么实例来证明。

这种情感同人性中所有其他的原始感情一样，绝对不只是品行高尚的人才具备，虽然他们在这方面的感受可能最敏锐。

最大的恶棍，极其严重地违犯社会法律的人，也不会全然丧失同情心。①

经太抬起了头。

难道斯密不是主张凭利己心来追求社会全体利益的"经济学家"吗？

的确，政治经济学和曼昆的教科书里有这样的表述。

但是斯密作为道德哲学家，他的课从"最大的恶棍，极其严重地违犯社会法律的人，也不会全然丧失同情心"这样的语句中开始了。

---

① 亚当·斯密：《道德情操论》（村井章子、北川知子译），日经BP出版社（日本），2014年版，第57-58页。

编者注：参考《道德情操论》（蒋自强等译），商务印书馆，2015年版，第5页。

如何体验他人的真正感受

经太一边认为这么好懂的东西不值得在大学的课上专门拿出来教，一边打算好好听听斯密想说什么。

既然是《道德情感论》的作者，在讲关于人类的情感内容时，肯定有其他人没有讲过的内容。

斯密继续娓娓道来。

"由于我们对别人的感受没有直接经验，所以除了设身处地的想象外，我们无法知道别人的感受。

当我们的兄弟在受拷问时，只要我们自己自由自在，我们的感觉就不会告诉我们他所受到的痛苦。它们绝不、也绝不可能超越我们自身所能感受的范围，只有借助想象，我们才能形成有关我们兄弟感觉的概念。

这种想象力也不能以另外的方式帮助我们做到这一点，它只能告诉我们，如果身临其境的话，我们将会有什么感觉。

我们的想象所模拟的，只是我们自己的感官的印象，而不是我们兄弟的感官印象。"①

---

① 　亚当·斯密：《道德情操论》（村井章子、北川知子译），日经 BP 出版社（日本），2014 年版，第 58 页。

　　编者注：参考《道德情操论》（蒋自强等译），商务印书馆，2015 年版，第 5-6 页。

这位道德哲学家似乎在说，我们对于他人的痛苦能够形成某种印象，这得益于我们拥有想象力。这点能够理解。

即使不举出同伴被拷打这样极端的例子，哪怕是自己的妹妹扭伤了脚，形成"这很疼吧"的印象，也是因为想象了自己的脚扭伤后该有多疼而产生的想象力。

但是，就算觉得自己妹妹可怜，也难以原封不动地体会她所受的同样程度的痛苦。

斯密继续往下讲。

"通过想象，我们设身处地地想到自己忍受着所有同样的痛苦，我们似乎进入了他的躯体，在一定程度上同他像是一个人，因而形成关于他的感觉的某些想法，甚至体会到一些虽然程度较轻，但不是完全不同的感受。

这样，当他的痛苦落到我们身上，当我们承受了并使之成为自己的痛苦时，我们终于受到影响，于是在想到他的感受时就会战栗和发抖。

由于任何痛苦或烦恼都会使一个人极度悲伤，所以当我们设想或想象自己处在这种情况之中时，也会在一定程度上产生同我们的想象力的大小成比例的类似情绪。"①

---

① 亚当·斯密：《道德情操论》（村井章子、北川知子译），日经 BP 出版社（日本），2014 年版，第 58-59 页。

编者注：参考《道德情操论》（蒋自强等译），商务印书馆，2015 年版，第 6 页。

看来斯密想说的是，正因为我们有想象力，能够将他人的境遇放在自己身上，然后根据感受能力的不同，自己也可以把他人的痛苦在心里描绘出来。

比起经济学，这更像是心理学课程。

经太注意到，当斯密举出对他人的怜悯、悲伤、痛苦等例子时，出现了一个叫"sympathy"的单词。

在最开始学到"sympathy"这个单词时，有"同情、同感"的意思，但在介绍斯密的书①中解释说，这个词在某些语境下翻译成"同感"更恰当。

　　所谓同情，主要是同情他人的不幸或者他人的悲伤，用作负面的意义，但斯密说的东西不仅仅是这些。

　　我们应当也能够对人的喜悦同情，对人的成功同情。因此此时应该翻译成"同感"。②

对。这样就容易理解了。

讲台上的斯密滔滔不绝地继续讲。

"在知道别人悲伤或高兴的原因之前，我们的同情是很不充分的。

---

① 　高岛善哉：《亚当·斯密》，岩波书店（日本），1968年版。

② 　高岛善哉：《亚当·斯密》，岩波书店（日本），1968年版，第71页。

很明显，一般的恸哭除了受难者的极度痛苦之外并没有表示什么，它在我们身上引起的与其说是真正的同情，不如说是探究对方处境的好奇心以及对他表示同情的某种意向。

我们首先想问的是：你怎么啦？

在得到回答之前，虽然我们会因为有关的他不幸而感到不安，并为弄清楚对方的不幸遭遇而折磨自己，但我们的同情仍然是无足轻重的。"①

"因此，同情与其说是因为看到对方的激情而产生的，不如说是因为看到激发这种激情的境况而产生的。

我们有时会同情别人，这种激情对方自己似乎全然不会感到，这是因为，当我们设身处地地设想时，它就会因为这种设想而从我们自己的信中产生，然而它并不因现实而从他的心中产生。

我们为别人的无耻和粗鲁而感到羞耻，虽然他似乎不了解自己的行为不合宜；这是因为我们不能不因自己做出如此荒唐的行为而感到窘迫。"②

根据斯密的说法，在沉浸在他人的悲伤的时候，我们在产生同情之前，首先想知道的是他为什么悲伤。说得太对了。

---

①② 亚当·斯密：《道德情操论》（村井章子、北川知子译），日经BP出版社（日本），2014年版，第62-63页。

编者注：参考《道德情操论》（蒋自强等译），商务印书馆，2015年版，第8-9页。

因此，对于悲伤或者愤怒的情绪，如果没能明白导致这种情绪产生的原因，我们也不能真正走进去。

经太觉得，斯密讲的内容，只要认真听下去，也不是那种难以理解的高深的东西。

反而是只要受过一定程度教育的人，都能懂的内容。

社会的和谐依赖情感的自我抑制

经太打算充分地理解同情在人类的感情中起到的作用，也在思考斯密在把我们往哪个方向引导。

同情不是产生于自己与自己而是自己与他人之间，这个在某种意义上是理所当然的事，有必要写成一本书吗？

想到这里，经太意识到，斯密没有讲到关于社会的话题。

对了，他忘了介绍书中有写道德哲学也是社会哲学。

那么同情是如何超越个体，向社会范围扩展的呢？

不愧是斯密，在这方面很有心得，一点一点地将听众带入自己的世界。

"虽然人类天生具有同情心，但是他从来不会为了落在别人头上的痛苦而去设想那必然使当事人激动的激情程度。

那种使旁观者产生同情的处境变化的想象只是暂时的。认为自己是安全的，不是真正的受难者的想法，硬是频繁地在他脑海里出现。虽然这不至于妨碍他们想象受难者的感受多少有些相似的激情，但是妨碍他们想象跟受难者的感情激烈程度相近的任何情况。

当事人意识到这一点，但还是急切地想要得到一种更充实的同情。他渴望除了旁观者跟他的感情完全一致之外所无法提供的那种宽慰。

<u>看到旁观者内心的情绪在各方面都同自己内心的情绪相符，是他在这种剧烈而又令人不快的激情中可以得到的唯一安慰。</u>

如果我可以这样说，<u>他必须抑制那不加掩饰的尖锐语调，以期同周围人们的情绪保持和谐一致。</u>

确实，旁观者的感受与受难者的感受在某些方面总会有所不同，对于悲伤的同情与悲伤本身从来不会全然相同；因为旁观者会隐隐意识到，同情感由以产生的处境变化只是一种想象，这不仅在程度上会降低同情感，而且在一定程度上也会在性质上改变同情感，使它成为完全不同的一种样子。

但是很显然，这两种感情相互之间可以保持某种对社会的和谐来说足够的一致。虽然它们决不会完全协调，但是它们可以和谐一致，这就是全部需要或要求之所在。"①

---

① 亚当·斯密：《道德情操论》（村井章子、北川知子译），日经 BP 出版社（日本），2014 年版，第 83–85 页。

编者注：参考《道德情操论》（蒋自强等译），商务印书馆，2015 年版，第 21–22 页。

就是这样。

经太在斯密读上面的划线部分时，突然灵光一闪。

人类和他人之间在建立同情的情况下，必须要把自己的情感进行某种程度的自我抑制。

他人的情况也是多种多样。比如，按关系远近，可以分为亲密的朋友、单纯认识的人、陌生人等。在这种情况下，随着关系亲密度的递减，就需要有更多的自我抑制。

斯密表达的意思就是，比起处在自己的熟人之间，人们更多的是在由不认识的人组成的社会当中，这时需要对自己的情感进行更多的抑制才能保持社会的和谐。

这样看来，道德哲学难道是一门对人类的情感反复思考的学问吗？

经太虽然这样想，但被斯密巧妙的讲解不自觉地引导着。

斯密并不否认人类的利己心

斯密所处的时代和经太生活的时代不同。这个时代的很多学问还没有出世，还处在诞生前夜。课程内容也不是像曼昆教科书那样模式化，应该是学生和老师一起思考，一起坐下来讨论的那种风格吧！

斯密边保持冷静，边看学生的反应，微妙地变了变语调。

现在课程快接近尾声，气氛渐渐有点升温了。

"我们厌恶那喧扰不已的悲痛——它们缺乏细腻之情，用叹息、眼泪和讨厌的恸哭来要求我们给予同情。

但是我们对有节制的悲哀、那种无声而恢宏的悲痛却表示敬意，这种悲痛只是在红肿的眼睛、颤抖的嘴唇和脸颊以及隐约的但是感人的全部行为的冷漠中才能发现。它使我们同样地沉默。

同样，蛮横无理和狂暴的愤怒，在我们听任猛烈的怒火无休止地发作时，是最令人讨厌的客观对象。

但是我们钦佩那种高尚和大度的憎恨，它不是按照受害者心中容易激起的狂怒，而是根据公正的旁观者心中自然引起的义愤来抑制愤恨。

这种高尚和大度的憎恨不允许语言、举止超出这很合乎情理的情感所支配的程度；甚至在思想上，也既不图谋进行比每个普通人乐见其实现的那种报复更大的任何报复，又不想施加比每个普通人乐见其实现的那种惩罚更重的惩罚。

正是这种多同情别人和少同情自己的情感，正是这种抑制自私和乐善好施的情感，构成尽善尽美的人性；唯有这样才能使人与人之间的情感和激情协调一致，在这中间存在着人类的全部情理和礼貌。"①

---

① 亚当·斯密：《道德情操论》（村井章子、北川知子译），日经 BP 出版社（日本），2014 年版，第 89-90 页。

编者注：参考《道德情操论》（蒋自强等译），商务印书馆，2015 年版，第 24-25 页。

经太在听到斯密用"公正的旁观者"这样的表达时，瞬间感到了一飞冲天的兴奋。

终于理解到今天课程的核心了。

斯密绝不是在否认人类的利己心。

但是，如果不是一个人而是在社会中生活的话，每个人都要按着公正的旁观者所能产生同感的那个程度来抑制自己的感情和行动，否则社会秩序不能成立。

反过来说，每个人就算有自己的利己心，如果能自我抑制到让公正的旁观者看来能产生同感的那个程度的话，则社会就不会陷入混乱，并保持充分的和谐。

划线部分的语句就是今天的收获，值得去反复读。

斯密真的是自由放任主义者吗

在高中政治经济课中学到的"自由放任主义者亚当·斯密"这样的公式化提法，明显容易招致误解。

当然，现在只学到了斯密的道德哲学著作的精华部分，在之后的著作（应该是《国富论》）中，也许会强力地推出经济层面的自由主义，但它的基础是建立在从深层理解人类情感的道德哲学家斯密的思想上。因此，真的是单纯的自由放任主义吗？

经太边想边往教室外面走，不巧和斯密撞上了。

斯密："这位学生看起来不是很面熟，不过你刚才好像一直在认真听我讲课呢。"

经太："是的。我想知道道德哲学是什么，所以来蹭您的课了。"

斯密："'蹭'是什么意思，不太懂，不过我讲的你听懂了吗？"

经太："不敢说懂了。我想知道的是，在不否定人类的利己心的前提下，怎么做才能把利他心和博爱精神融入一个思想体系里面。您的'公正的旁观者'的表述讲出来后，真的令人感动。"

斯密："你是没读过我的《道德情操论》吧？"

经太："抱歉。确实没读过。"

斯密："实话实说挺好。至于你提到的利己心，没有利己心的人是不存在的。但是，如果每个人都由着自己的利己心行动的话，社会就会陷入混乱。而公正的旁观者的同情所起到的作用，就是给失控的利己心踩刹车。"

经太："我明白了。人类既然生活在社会当中，就不得不抑制自己的情感和行动。但人类互相竞争的情况也要以这种自我抑制为前提吗？"

斯密："正是如此。你还没读过我的书，那我就把这部分给你读一下吧。"

斯密把手上的《道德情操论》翻开读了起来。

"在追求财富、名誉和显赫地位的竞争中，为了超过一切对手，他可以尽其所能和全力以赴，但是如果他要挤掉或打倒对手，旁观者对他的迁就就会完全停止。旁观者不允许有人作出不光明正大的行为。"①

经太愈加投入进去。

就算是竞争，只要是"公正的旁观者"不能产生同情的行为就绝对不能允许。

以前在电视上看到过某个经营者在食品假冒问题被发现后向大家谢罪的画面，说自己是为了追求利益才这样。

---

① 亚当·斯密：《道德情操论》（村井章子、北川知子译），日经BP出版社（日本），2014年版，第216页。

编者注：参考《道德情操论》（蒋自强等译），商务印书馆，2015年版，第105页。

这样的人本来就不够资格做经营者。

自由竞争和自由放任主义是两码事！

经太："感谢您。我还要继续学习。"

斯密："你真是一个认真的听众啊。希望后会有期。"

斯密说完就离开了。

没想到能来格拉斯哥，还听了亚当·斯密的课，但是，生活在 21 世纪的我，怎么可能来到 18 世纪的苏格兰城市呢？

难道这是……

经太这样想着，就从梦中醒来了。

昨晚读那几本斯密的传记和介绍书的时候瞌睡了，不知不觉就进入了梦乡。

但是，在梦中斯密课上所讲的话，确实就是手中几本书里写的内容，这绝不是一场支离破碎的梦。

最大的收获就是明确了斯密的《道德情操论》所指出的核心内容。就是说，由于"公正的旁观者"的同感的存在，每个人都必须对自己的感情和行动进行自我抑制，否则社会秩序就会崩溃，陷入混乱。

虽然还不知道后来那本《国富论》的全貌，但根据《道德情操论》的内容至少可以预想出，自由竞争绝不是指为了利润就可以无所不为。

下次再去杉本老师家时，就报告说我已经懂了一点斯密的道德哲学了吧。但是因为学得还不够，不了解斯密从《道德情操论》走向《国富论》的过程背景。看来要学的东西还有很多呢。

第三章
经济学的发源地是英国还是法国

必须维持商业的完全自由。因为最完全、最确实，对于国民或国家最有利的国内商业和对外贸易政策，在于保持竞争的完全自由。

——弗朗索瓦·魁奈

亚当·斯密的道德哲学课程

在去杉本老师家之前，经太把政治经济课的考试参考书和低年级学生用的名著解释书翻了翻，发现不管哪本书都把斯密介绍成自由放任主义者，感觉有些失望。

难道是成年人看不上高中生的学习能力吗？

虽然有些不高兴，但如果是出于好记好教的目的，把伟大的思想模式化，对于这样多年来的习惯，抱怨也没用。

现在荣一马上要考试了，得重点辅导一下他的英语和数学。荣一很聪明，所以这个工作比较轻松，趁着荣一在做数学和英语题，经太饶有趣味地看起了他的初中历史教科书。

经太想，对于初中生也不是什么都能教的吧。初中的教科书虽然有些细微的问题点，但也算是写得非常好了。

历史书上对工业革命这样写道：

在 18 世纪的英国，通过东印度公司进口的印度产棉纺品非常受欢迎。这种受欢迎的程度使得 18 世纪的英国也兴起了棉纺织作坊，为了更快更便宜地大量生产棉纺品，纺织工业和纺织机陆续出现了。

在 18 世纪末，蒸汽机作为机器的动力部件应用后，工厂的棉纺织生产力进一步提高。另外，制造业、造船业、机械业等重工业也都开始发展。

作为原料的铁和煤炭，以及工业产品需要定期地大量运到各地。因此，道路、运河建设的同时，应用了蒸汽机的蒸汽船和铁路也被建造出来，这大大促进了新城市的发展。

像这样，英国改头换面，形成了以工业为主的社会。这个变化，被称为"工业革命"。

关于工业革命的情况，经太想找个成年人请教一下，不一定要局限在上面这样固定的解释里。

本来想继续往下读的，看到荣一卡在几何题上，经太就把书合上了。

杉本老师正在写东西，看到经太之后，就让他坐下稍微等一下。

老师的书房摆满了东西方的书籍，这的确是学者的情调。那他又是什么时候读了这么多书呢？看来要成为学者也不是那么简单。

杉本："让你久等了。好像上次讲到斯密的道德哲学了吧？"

经太："是的。之后我又去图书馆借了一些书学习了一下。斯密在《道德情操论》中说，如果人的行动和感情得不到'公正的旁观者'的同情，也就得不到社会的认可。

虽然斯密没有否定利己心，但曼昆的经济学教科书和高中政治经济课教科书中的描述，给人的印象是斯密只强调了利己心，这容易使人误解。"

杉本："真了不起。我觉得斯密一生都以自己是道德哲学家而自豪。他的道德哲学课由四个部分构成，关于这个有明确的佐证。"

杉本老师从书架上取下一本叫《亚当·斯密的生平和著作》（福镰忠恕译，御茶水书房，1984 年）的书，是杜格尔德·斯图亚特（Dugald Stewart）写的。

他读了一个片段。

斯密在被任命为伦理学教授一年后，被选为道德哲学讲座的负责人。关于这个主题的课程分成了四个部分。

第一个部分包含了自然神学。这里面研究了神的存在和多重位格的证明，以及作为宗教基础的人的理性。

第二个部分严格来讲包含了一般意义上的伦理学，主要的架构就是他在后期《道德情操论》中发表的学说。

第三个部分把正义及法学关联起来，和既精密又正确的各种规则相容。正是这个理由，道德领域的解释可以很充分和有针对性，使得它被更加地展开来讨论。

课程的最后一个部分并不是基于他的正义的原理，而是基于便宜的原理。并且讨论了以增加国家的财富、权力，促进繁荣为目标而计算出来的各种政治规则。

从这个观点出发，他研究了有关商业、财政以及教会和军事设施的各种政治制度。

关于这些研究的论述，包含了后来发表的以《国民财富的性质和原因的研究》为背景的各种刊行的著作的实质内容。

杉本："遗憾的是，在斯密的道德哲学课程中，关于自然神学具体是什么，没有留下相关的史料。

但是伦理学的内容可以通过读《道德情操论》大体上把握。

翻译中有译为《道德情感论》的，现在多数译为《道德情操论》。

有关正义的部分，后世基于讲义记录编写了《法学讲义》面世。

最后有关便宜的原理，在后来的《国富论》中有展开涉及。

《国富论》(*The Wealth of Nations*) 正确的书名是《国民财富的性质和原因的研究》(*An Inquiry into the Nature and Causes of the Wealth of Nations*)。但是一般用省略的叫法——《国富论》。"

经太："体系这么庞大吗？"

杉本："差不多吧。但是我觉得并不是特别高深的东西。像你说有感触的那个公正的旁观者的同情就是《道德情操论》的核心。为了能得到同感而抑制自己的感情和行为，这个并不是只有高尚的人或重感情的人才能做到，社会中生活的每个普通人都能做到。这可以看作是斯密在《道德情操论》中论述了这种市民社会的道德。"

经太："这点我明白了，但是有关正义的话是从什么样的语境出来的呢？"

杉本："斯密在《道德情操论》中也谈到了'德'，但正义不同于慈爱的那种道德，而是那种防止社会基础瓦解的不可或缺的具有特殊意义的道德，它的主旨就是通过自己的强制力让人们遵守。而讨论这种正义的就是《法学讲义》。"

经太："原来如此。然后就是《国富论》，经济学就登场了。"

杉本："正是。就算基于正义的法律制度得到完善，如果国民经济贫弱，正义也会变得摇摇欲坠。

因此斯密才思考什么是防止犯罪的最佳策略，那就是国民都取得经济上的独立。"

经太："现在我知道了经济学为什么是道德哲学体系中最后出场的内容，还有斯密为什么被称为经济学之父。"

重农学派的领袖魁奈和他的著作《经济表》

但是不知为何，杉本老师笑眯眯地看着经太。
是经太说了什么奇怪的话了吗？

杉本："经太，实际上有一种有力的说法是'斯密并不是经济学之父'。

在法国有位著名的外科医生叫弗朗索瓦·魁奈（Francois Quesnay，1694—1774），他本人也非常受亚当·斯密尊敬。

作为外科医生的他医术高超，甚至在凡尔赛宫的二层中有
自己的房间。

但是在和当时一流的知识分子的交流过程中，魁奈对经济
问题产生了兴趣。

在 1758 年，他私下写了叫《经济表》的书。比起书，按
字面意思称其为'表'更恰当。

有种说法是魁奈写《经济表》是从哈维的血液循环理论获
得的灵感，用于表现国内物品和货币的循环。也有学者主张说
这是'经济科学的创造'。

意外的是，斯密本人也偏爱法国。"

经太："魁奈这个名字是第一次听说。看来我还是学习
不够。"

杉本："看看，你的好奇心可真强。魁奈的书就在那，可
以随便拿，还的话什么时候都可以。"

经太："谢谢您。"

在从杉本老师家回来的路上，经太感觉到包括英国在内的
欧洲的学术真是深不可测。

而且亚当·斯密非常尊敬魁奈。

斯密是道德哲学家很让人意外，魁奈是外科医生这件事同

样有意思。

从杉本老师那里借来的 H. 希格斯（Higgs）所著的《重农学派》（住谷一彦译，未来社，1979 年）一书中得知，魁奈作为外科医生名声在外，先是成了威尔罗公爵的侍医，后来得权贵知遇，1749 年春在埃斯特拉德伯爵夫人的引荐下，成了国王路易十五的宠妃蓬帕杜夫人的贴身侍医，住进了凡尔赛宫的二层房间。后来还兼任国王的侍医，可谓风光无限。

路易十五统治下的法国，还处在法国大革命之前的"旧体制（ancien régime）"时代。

经太把世界史的教科书拿出来，重新读了起来。

> 法国大革命之前的国民，神职人员是第一级，贵族是第二级，平民是第三级。当时人口的九成以上都是第三级。
>
> 作为少数的第一级和第二级占据着广袤的土地和重要的官职，还拥有不交税等特权。
>
> 各个身份级别的内部也存在贫富差异，特别是第三级，占其中大部分的农民，给农主交租交税，过着悲惨的生活，同时，工商业者等有产市民阶层逐渐积累财富壮大了实力，但不满自己没有享受到与实力相符的待遇。
>
> 于是启蒙思想广泛传播。在 1789 年初，西耶士（Sieyès）写了《第三等级是什么》，主张第三等

级的权利。[1]

魁奈并非出身高贵，但住在凡尔赛宫中，在蓬帕杜夫人组织的知识沙龙中，和当时一流的哲学家、知识分子交流，如达朗伯（d'Alambert）、狄德罗（Diderot）、孔狄亚克（Condillac）等，这让他超越了外科医生的职业，对哲学经济问题也萌生了兴趣。

于是，在1758年，他出版了《经济表》第一版。不知使用"出版"一词是否恰当，因为这是凡尔赛宫的地下印刷所印出来的。

这个表不同的版本有些差别，但都是用Z字形的表来描述"社会财富的再生产"。从杉本老师借过来的书里也有这个表，但经太还不明白具体是什么意思。

说到底，所谓"重农学派"是什么呢？这个词本来是从physiocracy（自然支配的意思）的译词"重农主义"当中来的。"重农主义"这个词扎根下来的原因，就是魁奈极度重视农业，把它当作唯一的生产性产业。

除了农业，其他都不是生产性的。这样说恐怕有些狭隘，但其中有它自己的缘由吧。

经太查了一下魁奈所生活的那个时代的法国的经济状况。

然后兀自读了其他一些书，总结下来就是下面的心得。

---

① 日本高等学校教科书《详说世界史B》，山川出版社，2016年版，第248页。

简单地说，在魁奈出现以前的法国，经济政策是基于重商主义在推进的。

重商主义的思考方式就是"货币（金或者银那样的贵金属）＝财富"，优先用货币的形式来赚取贸易差额（从出口额当中减去进口额）。

为此，一味地保护扶持国内的产业，强化国际竞争力，而用提高关税的方式来抑制进口。

这一切的推动者是法国的财务总管（可以理解为财务大臣）让－巴普蒂斯特·柯尔贝尔（Jean-Baptiste Colbert），因此被称为是"柯尔贝尔主义"。

经太发现这里连"农业"两个字都没有。

对了。在对外贸易中，高级纺织品、玻璃、磁器等奢侈品才能赚得利润，所以农业就被抛在一边了。

农业遭到打击，只有奢侈品产业繁荣了。

今天也学了很多呢。

和魁奈对话：经济表描述了理想的农业王国

经太想象了魁奈住的那个凡尔赛宫。

那是在法国和西班牙拍摄的一部叫《再见，我的王后》（2012 年上映）的电影里吧。

通过侍奉黛安·克鲁格（DianeKruger）饰演的玛丽皇后

的陪读侍女的视角，讲述了法国大革命前后的故事。

电影的场景栩栩如生，但真实的宫殿又是怎样的呢？

在介绍法国旅游的网页上，有很多关于世界文化遗产凡尔赛宫的内容。

电影里面也有在凡尔赛宫的镜厅举行舞会的场面。庭园豪华优美，充满了想象力。

但是现在夜有点深了，该睡觉了。

不知不觉来到了和网上看到的一模一样的宫殿前。

经太小心翼翼地寻找着那间位于中二层的房间，最好别一不小心误入像王室礼拜室那种地方（被发现的话连小命都危险了）。

但位置在哪儿呢？

不得不再一次"犯规"，按平板电脑上的示意图提供的线索找，终于找到了看上去像是那间房间的地方。

门是开着的。

有个人在里面思考问题，长得和某本书里魁奈的照片差不多。

最开始经太并没有被注意到，他看了一会儿好像是"经济表"的图表，突然背后有一个声音。

魁奈："这表有趣吗？"

经太："抱歉我随便翻了你的东西。这表很神奇，不知不觉就看入神了。"

魁奈："能看懂这个表的，只有少数几个人。像你这样的年轻人看不懂也是正常的。"

经太："我知道中间那个是地主阶级的收入，分别支出给左边的生产阶级和右边的不生产阶级，各一半。"

魁奈："你很聪明。但在看这张表之前，必须要理解'physiocracy'的本质。"

经太："是不是就是只有农业是生产性的，而制造业和商业等是不具生产性的？"

魁奈："说的也不错。产生'纯生产物'的的确只有农业。
　　但是，柯尔贝尔主义却让法国的农村疲敝，为了增加奢侈品的出口最大限度地减少成本。为此压低谷物价格，抑制租金。制造了农业在生产的障碍。这是愚蠢的政策。"

经太："那么，重建农业的话需要做什么呢？"

表3-1　经济表［原表第三版］①

考察对象（1）三种支出（2）各个支出的来源（3）各个支出的预付
（4）各个支出的分配（5）各个支出的归结（6）各个支出的再生产
（7）各个支出的相互关系（8）各个支出和人口的关系（9）各个支出
和农业的关系（10）各个支出和工业的关系（11）各个支出和商业的
关系（12）各个支出和国民财富总额的关系

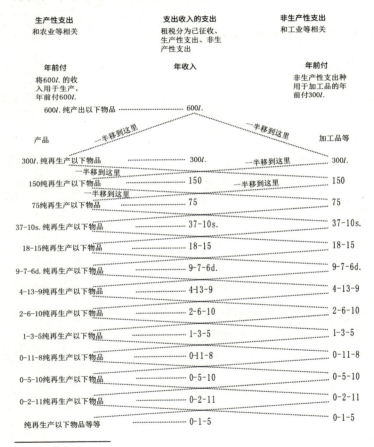

----

　　① 《魁奈经济表》（平田清明、上泰夫译），岩波书店（日本），
2013年版，第6页。

魁奈："首先必须让谷物回到'良价'（bon prix）。所谓良价，就是生产费用加入一定利润的价格。柯尔贝尔主义采取人为压低谷物价格的政策，阻碍了良价的实现。谷物必须要能够内外自由流通，才能够使其自然地落到良价的水平上。"

经太："这个就是所谓的'自由放任主义'（laissez-faire）吗？"

魁奈："我从来没有用过自由放任这样的字眼。也不知道是谁最先用的。我只说过内外的经济交易要自由进行。"

经太："原来是这样。因为您写过疑似主张自由放任主义的书，失礼了。"

魁奈："没关系。现在法国的北部，通过进行大规模农业经营，提升了农业生产力。这种模式必须要扩大至法国全国。假设我们已经实现了兼具良价、纯生产物、大农经营等的理想的农业王国，而描述这个王国的就是经济表。"

经太："就是说，您的经济发展的蓝图就是以农业为中心的。这样说的话就有点明白了，但是还是完全不懂您的思想是怎么反映在经济表中的。"

魁奈："那个你还理解不了吧。但是刚才你用了自由放任主义这个表达，有一点要注意的是，我们认可的是自然的秩序这样的词。

　　所谓'自然的'包含了两种意思。一是像自然法则那样的必然，另一个是符合期望的。这两者合二为一就成了自然法。自然法才是国家统治的最高原则。"

　　经太："国家统治确实是自由放任主义里欠缺的，刚才误解您的思想了。再次抱歉。

　　如果经济表临摹了根据自然法制定的自然的秩序，那我越来越想知道经济表里 Z 字表的含义了。"

　　魁奈："时间到了。那个你自己好好想一想吧。"

用代数领悟魁奈的 Z 字经济表

　　经太在这个时候睁开了眼。

　　又做梦了。

　　因为学了重农主义才和魁奈对上话，但是对经济表的真意还是没有抓住。

　　看来又要请教杉本老师了。

　　但魁奈的思路真的很清晰。

　　一旦懂了，不也很简单嘛。

还是说只是想当然？

荣一的考试成绩出来了，于是经太又去了杉本老师家。

除了社会课之外，荣一考得都不错。数学满分，真厉害。这门功课的辅导没有白费。

但是社会课里面包含了历史和公民，于是经太告诫自己一定不要怠慢了这两门。

杉本老师正在整理书架上的书。把这么多书按顺序摆好放整齐不是个小工程。但是杉本老师并没有露出厌恶的表情，反而乐在其中。

杉本："哎？经太。帮忙把那一堆书拿过来可以吗？"

经太："好的。放在这里行吗。"

杉本："谢谢。对了，魁奈搞懂了吗？"

经太："说实话，我大概看了一下经济表的第三版，但没有领会魁奈的真正意图。只看懂了把地主阶级的收入各拿一半来分别支给生产阶级和不生产阶级这个部分。"

杉本："只要懂了这个，那我解释起来就简单了。你数学好，所以做个简单的代数应该就来灵感了。来看看这张表。"

杉本老师解释道，这张表是京都大学的菱山泉（1923—2009）博士在 50 年前提出的模型[1]，是对经济表的解释，在国际上得到很高的评价。

最中间的是地主阶级的收入，用 Y 来表示。注意这里，地主阶级是"非产业部门"，生产性的农业是"产业 I"，农业以外的不生产的产业用"产业 II"来表示。

然后，地主阶级只把 Y 里面的 λY 向生产阶级支出。剩余收入 $(1-\lambda)Y$ 向不生产阶级支出。

在这里就明白了魁奈的经济表表述的是 $\lambda=\dfrac{1}{2}$ 这种特殊的情况。

不管是生产阶级还是不生产阶级，他们把从地主阶级挣到的收入又支出出去。应当留意的是，向生产阶级的支出通常标为 λ，不生产阶级标为 $(1-\lambda)$。

举个例子。

从地主阶级的收入 Y 中，只取得了 $(1-\lambda)Y$ 收入的不生产阶级，在向生产阶级支出的时候，要标上 λ，所以向生产阶级的支出就是 $\lambda(1-\lambda)Y$。

另一方面，从地主阶级那里取得 λY 收入的生产阶级，就要标上 $(1-\lambda)$，只向不生产阶级支出 $\lambda(1-\lambda)Y$。

这样的过程一直持续下去。

---

① 菱山泉：《重农学说与经济表的研究》，有信堂出版社（日本），1962 年版，第 230、233 页。

魁奈把这个过程形象地用 Z 字表表示。

如果仅仅是这样的话，那不过只是用数学记号代替了经济表。只需用点代数知识，就能计算产业 I 和产业 II 作为一个整体分别产生了多少收入，以及把两者汇总，总共的收入是多少。

把产业 I 这边产生的整体收入表示为 Z_1，

把产业 II 这边产生的整体收入表示为 Z_2，

然后再看下面的表 3-2。

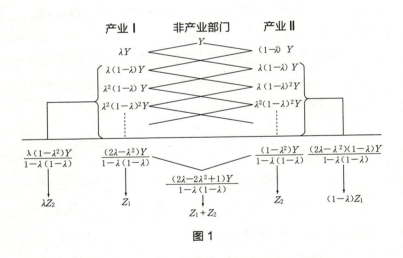

图 1

表 3-2

	产业 I	产业 II	非产业部门
产业 I		λZ_2	λY
产业 II	$(1-\lambda) Z_1$		$(1-\lambda) Y$

表的第一行的合计，等同于产业Ⅰ的收入 Z_1。

第一行第一列什么都没写是因为产业Ⅰ没有到产业Ⅰ的支出。也可以把它看作零。

第一行的第二列为什么是 λZ_2 呢？

是因为在产业Ⅱ的收入 Z_2 中，只有 λZ_2 是向产业Ⅰ支出的。

第一行第三列是指从非产业部门的收入向产业Ⅰ支出的 λY。

同样的道理，表的第二行的合计等同于产业Ⅱ的收入 Z_2。

第二行第一列是从产业Ⅰ向产业Ⅱ的支出，

因此在产业Ⅰ的收入 Z_1 那里加上了 $(1-\lambda)$。

第二行第二列表示产业Ⅱ到产业Ⅱ的支出，没有，所以记为零。

第二行第三列，

是从非产业部门的收入支出给产业Ⅱ的 $(1-\lambda) Y$。

那么把以上的内容用代数式表示出来，解 Z_1 和 Z_2

$$Z_1=\lambda Z_2+\lambda Y$$
$$Z_2= (1-\lambda) Z_1+ (1-\lambda) Y$$

杉本："Z_1 和 Z_2 怎么解呢？"

经太："像这样解就可以。"

$$Z_1 = \frac{(2\lambda - \lambda^2)Y}{1 - \lambda\,(1 - \lambda)}$$

$$Z_2 = \frac{(1 - \lambda^2)Y}{1 - \lambda\,(1 - \lambda)}$$

经太解出了答案。

杉本："很好。就是这种可以用简单代数式轻松解开的问题。让我们再回到开头，回想一下魁奈的经济表里假定 $\lambda = \frac{1}{2}$。"

杉本先生边说边把 $Z_1 + Z_2$ 给算了出来。

$$Z_1 + Z_2 = \frac{(2\lambda - 2\lambda^2 + 1)Y}{1 - \lambda\,(1 - \lambda)}$$

杉本："假如 $\lambda = \frac{1}{2}$ 的话，这个式子又是多少呢？"

经太："$2Y$。"

杉本："魁奈的经济表第三版中，把 Y 写作 600（单位是当时法国所使用的单位利弗）。那么整体就产生了 1 200 利弗的收入。

在 20 世纪末，蒸汽机作为机器的动力部件应用后，工厂的棉纺织生产力进一步提高。

但是经太，有意思的是，你知道 $\frac{1}{2} < \lambda < 1$ 和 $\frac{1}{2} > \lambda > 0$ 的时候会变成什么样吗？

你数学不错，我先把结论告诉你。如果是前者，Y 就是 1 200 以上，如果是后者，Y 就是 1 200 以下。

如果用经济学术语来讲的话，前者就是扩大再生产，后者就是缩小再生产。如果 $\lambda = \frac{1}{2}$，那就是单纯再生产。把它想成是年年岁岁都以同样的规模重复再生产就可以了。"

经太："那魁奈的经济表就可以看作是单纯再生产的模型吗？"

杉本："字面上的意思是那样的。不过天才的作品要反复斟酌它的字里行间。

魁奈是以法国北部大农经营为样本，主张在内外自由地交易农产品，把因柯尔贝尔主义而人为压低的谷物价格拉回良价的轨道上来。换句话说，这就是以农业为中心的经济发展的构想。"

经太："对了！魁奈的本意就在 $\frac{1}{2} < \lambda < 1$ 的扩大再生产里面！"

杉本："我觉得是这样。的确，经济表是单纯再生产的模型，但在魁奈写的文章中，有些地方暗示了他的志向在于扩大再生产。"

经太："是怎么说的呢？"

听经太这么问，杉本老师将题为"经济表的说明"的文章里面的这一段读给他听。

> 这些支出，在一方或者另一方不管哪方，会变得更多或更少。在这里所展示的，是再生产性支出在每年都再现了同样额度收入的一般性状态。
>
> 但是，在不生产性支出和生产性支出中，随着某一方超过另一方，在收入的年度再生产里会发生怎样的变化呢？这个很容易判断出来。①

杉本："魁奈果然是天才啊。差不多时间到了。大学那边还有课不能迟到，我就先走了。后面你就读我借给你的书吧。"

经太也感到魁奈的确是个天才。但是，经济表有几个版本和样式，要学仔细的话，这些也不能不看。但目前还没有时间。有一点经太一直比较在意，就是经济学是在凡尔赛宫地下室印出来这件事。

既然已经到了能住进凡尔赛宫中的地步，可以说是旧体制

---

① 《魁奈经济表》（平田清明、上泰夫译），岩波书店（日本），2013 年版，第 38 页。

内的知识分子了。

从杉本老师那借来的书中写道，只有从农业，即土地中收获的产品才是生产性的，这种纯产品说到底是地主阶级的收入，由此看来，租税应该仅由地主阶级负担。因此，魁奈提出了"土地单一税"。

但是在旧体制下贵族和大地主是有免税特权的，但这个提议不就是很激进的提案吗？或者应该说是危险思想？这样说的话，魁奈用他大无畏的笑容好像在问对方"你明白了吗？"

要实现以农业为中心的经济发展，就必须要有能够准确理解自然法的开明君主为实现农业王国而进行统治。这是为了改革柯尔贝尔主义带来的农村疲敝现状而制定的最优先的议事日程。

把这些以似乎永远在重复同等规模再生产的经济表的形式在极其秘密的情况下出版，可见魁奈的招数非常细心谨慎。

然而得益于他的深谋远虑，诞生了经济学史上首次描写经济系统的持续可能性理论的经济科学。

魁奈和他的学生，首次使用"经济科学"和"economist"这样的字眼，形成了重农学派。他们旨在改革旧体制经济的极其有实践性的经济科学，在现在却被作为与改革和政治无关的纯粹经济学的意义使用。经太觉得，这给了我们一个教训，那就是脱离时代语境来理解经济思想的人所发表的言论，应当谨慎看待。

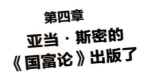

第四章
亚当·斯密的
《国富论》出版了

只要不违反公正的法律，那么
人人都有完全的自由以自己的方式
追求自己的利益。

——亚当·斯密

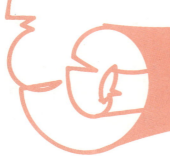

有关斯密出版《国富论》的传记

经太又一次翻开了亚当·斯密的传记。

作为道德哲学家，斯密的名声随着《道德情操论》的出版在欧洲日益高涨，当时，通过欣赏他学识的人的介绍，被聘为布克鲁奇公爵的家庭教师，并被邀请一同参加"Grand Tour"。

"Grand Tour"是一种带着当时的贵族子弟去欧洲大陆边旅行边学习的教育项目。

斯密虽是格拉斯哥大学有名望的教授，但也爽快地放低了姿态，决定参加公爵的旅行。

经太虽然对大学教授去做家庭教师这件事感到很惊讶，但随后知道了在斯密的时代，贵族的家庭教师甚至有终身年金，待遇比大学教授不知要好出多少。这样的话，比起又要作研究，又要负责上课和一些教育行政工作的大学教授，斯密情愿选择在欧洲大陆到处工作的家庭教师吧。

在1764年，斯密辞去了格拉斯哥大学教授一职。

在陪着布克鲁奇公爵在法国各地旅行的时候，他的好友大卫·休谟（David Hume，1711—1776，哲学家）在社交圈子里散布了斯密来巴黎的消息，于是斯密得以与百科全书派的伏尔泰（Voltaire）、重农学派的领袖魁奈以及杜尔哥（Turgot，魁奈的学生）等见面。

原本就对法国有所偏爱的斯密，不仅对伏尔泰充满敬意，也感佩于魁奈的博学多识。据说，在他构思的《国富论》完成之时，甚至打算送魁奈一本。遗憾的是，魁奈在《国富论》完成前已经去世，斯密的这个心愿没能实现。

经太想进一步了解斯密高度评价魁奈的理由，但似乎首先要全面地把握《国富论》，否则不能准确地找到理由。

斯密的一双慧眼早已看穿了天才魁奈的真正价值，着实令人敬佩。

斯密完成"Grand tour"后回到伦敦时，已是1766年11月。在伦敦过冬后，1767年他回到了苏格兰的故乡。然后倾注全力创作《国富论》，但是，这本不朽名著的完成并不是一帆风顺的。这个过程中，斯密肯定榨干了自己的头脑和身体。

1776年3月9日，《国富论》终于在伦敦出版了。

朋友休谟立马写了信赞赏斯密的工作（1776年4月1日），信中用了"euge、belle"等字眼，大概就是"精彩、优秀"的意思。因为一直苦苦等待的朋友的大作终于面见世人，他才如此开心吧。休谟在是年8月25日去世。

支持自由竞争，批判独占精神

又到了去杉本老师家拜访的日子，

荣一在学校里好像开始学习二次方程式了。

解这种题有诀窍，必须得教他一下。

荣一有个优点，他在不懂的时候，绝对不会说"这个能有啥用？"

这一点不愧是杉本老师的儿子。

几年前，东京工业大学荣誉教授大隅良典博士在领取诺贝医学或生理学奖的时候，发表了不应只注重应用研究，要把重点放在基础研究上的言论，杉本老师对此深有共鸣。

说起来，网上的《高中生新闻》（2018 年 11 月 12 日）还介绍了大隅博士的发言，如下：

> 最后，面对那些容易认为"只有有用的东西才是重要的"的年轻人，博士强调基础研究的重要性，"在社会进步和研究中，拥有长远的视野观点也很重要。请大家再想想'有用'的含义到底是什么"。

这个暂且先不说，荣一那边正在解数学题，所以经太又翻看起了历史书。

在翻页的时候被其中关于美国独立战争的内容吸引。

进入 18 世纪后，取代荷兰崛起的英国，往西非出口武器和棉纺品，换来奴隶。又把奴隶转卖给西印度群岛和美洲大陆的农庄，充当生产砂糖和棉花的劳动力，从中攫取了巨大利益。

然而一方面，和法国进行的围绕殖民地的战争花费甚巨，英国财政苦不堪言。

到 18 世纪中期，从英国来的移民在北美东海岸建立了 13 个殖民地，实行自治。

18 世纪后半期，没有殖民地代表参加的英国议会决定征收新税来维持和法国的战争，殖民地人民因此掀起了北美独立战争，在 1776 年发表了独立宣言。

以华盛顿为总司令的殖民地军队，得到了法国和欧洲各国的支援，获取了独立战争的胜利。作为胜利的结果，美利坚合众国诞生，并制定了共和制的合众国宪法。

1776 年，是斯密的《国富论》出版的那一年，也恰好是北美独立宣言发表的那一年。

这二者之前会有什么联系呢？这个念头在经太脑中一闪而过，也许单纯只是偶然罢了。

等下找杉本老师能问多少问多少。

杉本老师还是老样子，怡然自得地做着自己的事。

虽说来这里是给荣一辅导，但杉木老师每次都以笑脸相迎，经太还是很感激。

杉本笑道："看你脸上写着想问问题的表情呢。现在的大学生在课上抱怨听不懂，但也不问问题，所以我经常佩服经太你的好学精神呢。"

经太："没有没有。我注意到的东西要是不去查一下或者问问老师，心里就不踏实。可以问一个问题吗？"

杉本："说吧。"

经太："在荣一的历史教科书里，我发现《国富论》的出版年份和美国独立宣言的年份重合了。这个对了解亚当·斯密有什么提示吗？"

杉本："你真会发现问题！当然，关系大着呢。"

经太："真的吗？看来不是单纯的偶然呢。"

杉本："我觉得你通读了《国富论》的话就能明白。斯密是站在支持自由竞争的立场的，他猛烈地批判垄断和垄断观念，英国在北美所拥有的殖民地就是垄断观念的产物。
所以，在《国富论》的最后，结束文段的主旨就是'是时候对北美殖民地放手了'。

斯密是大家都推崇的人，但读到最后的人少之又少，很容易漏掉这个重要的点。

能注意到这一点，证明你有优秀的找切入点的能力。"

经太："不敢当。刚才偶然在历史教科书里读到这一处。很巧，也很有意思。"

杉本："斯密在《国富论》中说，每个人以遵守市民社会的规则为限，推崇自由竞争，这个理论基础就是在《国富论》的开头所描述的价值论当中。如果觉得斯密的传记有意思的话，这个地方应该不难读懂。"

经太："明白了。刚才说只问一个问题，不知不觉又想到一个。斯密为什么高度评价魁奈呢？"

杉本："这个和批判重商主义有关系。魁奈批判法国的重商主义，也就是柯尔贝尔主义。魁奈认为财富只能来源于生产领域，只有农业才能生产出的纯产品才是财富，金银等贵金属不是财富。

不光是农业，斯密把制造业也看成生产性的，他相信，虽然魁奈的见解有些地方比较狭隘，但是批判重商主义是正确的。

《国富论》中论述批判重商主义的地方应该有说到魁奈，有时间的话可以读一下。"

经太："好的。我会找时间读的。"

和杉本老师谈论的过程中，一本接一本的书需要去读，但是因为有兴趣去了解，所以读书绝对不是一件苦差事。

今天学了很多，该休息了。

劳动是产生财富的源泉

在梦中再次来到一个陌生的地方。

看板上写着"寇克卡迪小镇"。这不就是斯密的故乡吗？

手边有本斯密《国富论》的初版。完全不知道从哪里拿的，是四折页的两卷本。

休谟似乎很担心正在写《国富论》的斯密，他一直待在老家，都不怎么来伦敦城里。大概是因为想专注地写作，所以才避开都市的喧嚣吧。

这时，有一个人梦游似的在走路。看起来像斯密。

说起来，斯密的传记里记载他从小就有昏睡症。叫住他看看。

经太走近大声说了一句："斯密博士！"斯密似乎清醒了。

斯密："啊！你是之前在我课堂上的那个年轻人吧。"

经太："是的。祝贺您出版了《国富论》。"

斯密："嗯，虽说不上完美，但算是尽力了。怎么说也是花了不少时间的。你已经读这本书了吗？"

经太："不好意思。刚刚拿到书。"

斯密："没事。聊一会儿吧！"

经太打算和斯密一边散步一边聊。自己在旁边跟着聊天的话，也能避免他再进入昏睡状态吧。

《国富论》的开头是一段有名的话。

大胆讲一句，就算说斯密为了写这段文章而写了四折页的两卷本也不为过。

简而言之，就是一篇挑战"富＝贵金属"这种重商主义模式的书。

一国国民每年的劳动，本来就是供给他们每年消费的一切生活必需品和便利品的源泉。构成这种

必需品和便利品的，或是本国劳动的直接产物，或是用这类产物从外国购进来的物品。①

斯密："你觉得这段怎么样？"

经太："嗯。我觉得这段话的意思是只有国民的劳动才是产生'富'的源泉，所谓'富'和生活必需品以及便利品，就是消费品吧？"

斯密："没错。你果然是个聪明的年轻人。但是，如果从这里继续读下去的话，会学到很多，例如生产性劳动和非生产性劳动的区别，分工的作用，劳动价值论等，需要做好心理准备。"

经太："明白。我一次性也请教不完，可以先问一个问题吗？"

斯密："什么问题？"

---

①　亚当·斯密：《国富论》上卷（山冈洋一译），经济新闻出版社（日本），2007 年版，第 1 页。

编者注：参考《国富论》上卷（郭大力等译），商务印书馆，2014 年版，第 1 页。

经太："法国的魁奈博士主张重农主义，认为只有农业才是生产性的，该怎么评价这个说法呢？"

斯密："你知道魁奈博士啊，他是个天才。但是有一点我持有不同的意见。不只是农业，制造业也是生产性的。

魁奈博士的见解是和实现农业王国的理想直接联系起来的，但是仅仅用农业这个量尺来测量国民的丰足度，太狭隘。

制造业也是在生产生活必需品和便利品，同样具有生产性。"

经太："那把商业和服务业看成非生产性的也行吗？"

斯密："没错。我已经在《国富论》中详细地写了生产性劳动和非生产性劳动的区别，这个部分你读一读。"

经太："好的。"

斯密："抓不住这个区别的话，就不能说理解价值论和对重商主义的批判。那儿，好像能看到我的家了。就此失敬。"

斯密说完后就消失了。

有关斯密自言自语和昏睡症的说法的确有记录，但经太没想到自己真的遇到这件事。

不过这种说法稍稍有点夸张了吧。

这时，经太睁开了眼。

区分生产性劳动和非生产性劳动

从梦中醒来的经太又确认了一下《国富论》的开篇文章。

果然写着国民逐年的劳动才是生活必需品和便利品的源泉。两者合在一起用现在的话说就是消费品。

财富不是贵金属，而是人类劳动所创造出的消费品，这种思想和英法的重商主义是完全对立的。

也就是说，《国富论》从一开头就宣告自己以批判重商主义为己任。

斯密从这个角度，在批判了魁奈稍稍走偏的重农主义，不认同其"只有产生纯产品的农业才是生产性"的说法的同时，也尊敬他是一位批判重商主义的先驱。

经太找了找斯密写的涉及魁奈的文章。

当他终于找到下面这一段时，才发现作为经济学诞生前夜的插曲，那隐藏在魁奈微妙笑容中的耀眼的天赋，和把这些都宽容地接纳的斯密的慧眼，都应该被后世永远传颂。

这一学说（重农主义）把投在土地上的劳动，看作唯一的生产性劳动，这方面的见解，未免失之褊狭；但这一学说认为，国民财富非由不可消费的货币财富构成，而由社会劳动每年所再生产的可消费的货物构成，并认为，完全自由是使这种每年再生产能以最大程度增进的唯一有效方策，这种说法无论从哪一点说，都是公正而毫无偏见的。①

生产性的劳动和非生产性的劳动的区别也很重要，以经太自己的理解，斯密应该是如下这样认为的。

人类通过自己的劳动，能提高对象物的价值，也有不能提高的。

魁奈主张只有农业是产生纯产品的，是生产性的。

农业用谷物这种肉眼能看到的形式来表达产品，这点容易理解。

但是，斯密认为，制造业也是人类用劳动，再加上原材料，生产了能维持自身生存的，以及能成为雇主利益的价值，也是堂堂正正的生产性产业。

然而，他不认为服务业，比如家政工人是生产性的，因为它没有增加什么价值。

在农业和制造业中，谷物和产品会以能看见的形式存在；在服务业中，劳动在被使用的瞬间就消失了。

---

① 亚当·斯密：《国富论》下卷（山冈洋一译），经济新闻出版社（日本），2007年版，第206页。

编者注：参考《国富论》下卷（郭大力等译），商务印书馆，2014年版，第250—251页。

"非生产性"这个词汇，也许有人会从中得出不同的意思，但那不是斯密的本意。

然而，在社会中起极其重要作用的劳动在斯密的分类中也属于非生产性的。

经太觉得，斯密充分地预料到了这种分类会受到批判，并且展开了论述。

> 例如：君主以及官吏和海陆军，都是不生产的劳动者。这类不生产的劳动者，是人民的公仆，其生计由他人劳动年产物的一部分来维持。
>
> 他们的职务，无论多么高贵，怎样有用，怎样必要，但终究是随生随灭，不能保留起来供日后取得同量职务之用。虽然他们治理国事、捍卫国家的功劳不小，但今年的政绩，买不到明年的政绩；今年的安全买不到明年的安全。[①]

按照这个理论，神职人员、律师、医生、文人等，不管他们的工作多有权威、多有地位，斯密都认为其是非生产性的。

社会地位较低的艺人、音乐家、歌剧歌手、芭蕾舞者等的

---

① 亚当·斯密：《国富论》上卷（山冈洋一译），经济新闻出版社（日本），2007 年版，第 339 页。

编者注：参考《国富论》上卷（郭大力等译），商务印书馆，2014 年版，第 313 页。

劳动也是非生产性的。

经太认为，从现在的视角看，把服务业也看成是非生产性的观点虽然狭隘，但放在斯密所生活的工业革命前夜的那个背景下考虑的话，只要不是农业和制造业那样生产出可以看得见的"东西"之外的产业，全部被看作非生产性的也是必然的。

首先，生产性劳动和非生产性劳动的区别算是理解了。

这个和《国富论》的体系是如何衔接起来的，再去向杉本老师那里寻求一些启发吧。

分工受市场规模的制约

荣一的学习进展得很顺利。

荣一不仅数学的理解能力不错，而且英语语法和作文的能力也好于同年级的其他学生。这个年纪正是人一生中记忆力最好的时期，所以只要能吸收就多教教他岂不是美事一件。

现在社会上围绕宽松教育的争论甚嚣尘上，经太觉得这种问题难以一般性地讨论。不过，像荣一这样聪明的学生，让他多学点，也没有坏处。而把这个一概而论地称作填鸭式教育实属不当。

经太想起，杉本老师委托他辅导荣一的时候说过，"不一定要和他上学的知识有关系，只要荣一能理解，教一点难的也行"。经太认为，即使在目前，用一般性的论点来陈述教育方法也不是件容易的事。

为了还从杉本老师那里借来的书，他去了老师的书房。

杉本："经太，我在等你呢。你还是那个样子，很痴迷读书呢。"

经太："没有。虽然有些出入，但我大体理解了斯密的生产性劳动和非生产性劳动的区别。"

杉本："呵呵。接下来的相对比较简单，你应该很快可以理解。"

经太："斯密觉得人类劳动所生产的生活必需品和便利品，也就是消费品才是财富，因此他用一篇批判重商主义的文章作为《国富论》的开头。而且，生产性劳动和非生产性劳动的区别有一个重要的特征，就是要增加财富，就必须要增加生产性劳动，这样理解可以吗？"

杉本："没错。如果忠实地按照斯密的思想来讲的话，增加财富的方法只有两种：一是提高生产性劳动者在劳动人口当中的比例，这个就是你刚刚指出来的。还有一个是导入分工以提高劳动的生产力。"

杉本老师从书架上取下《国富论》，翻到了斯密为了解释
"分工（division of labour）"而举扣针制造那个例子的地方。

　　其中讲到，如果用一个工人来实施扣针的全过程制造，则
一天可以制造一个。如果有十个工人并具备完善的分工体系，
则工人每日可以制造 4 800 枚。

　　杉本："从斯密对瓦特的改良蒸汽机的关心可以看出他应
该经常关注技术进步。分工用现代的话说就是流程创新吧。"

　　经太："分工带来劳动生产力的提高，可以更多地生产出
生活必需品和便利品，但是这些消费品生产出来后需求也要跟
上的吧？"

　　杉本："这个切入点不错！斯密当然也预料到这种问题会
抛回来。所以，在解释分工的利益之后，也指出了要根据分工
的市场的规模来制约。博学的斯密研究史料后指出，水运惠及
的湾岸地带，能够面向更广阔的世界销售产品，于是分工乃至
于产业开始发展，并逐渐向内地扩展。我认为斯密持有地中海
沿海是文明最开始发展的地方这样的认识。"

　　经太："也就是说。分工受到市场规模，也就是需求的制
约，如果销路扩大的话，即使分工通过提高劳动生产力增加了
供给，需求也能跟上。于是，需求的扩大进一步发展了分工。

像这样，供给和需求携手一起扩大。对吗？"

杉本："没错。斯密描绘了一种良性循环。这个论点非常有趣，但随着时代的前进，又产生了新的问题，就先谈到这里吧。"

经太："好的。"

商业社会：每个人是靠交换生活的

杉本："但那是由于把重点都集中在了价值论这个《国富论》重要的贡献上。也就是说，斯密认为分工是产生于人类身上所具备的交换本性中。A 和 B 互相交换物品时，仅仅期待对方的善意和利他心是难以顺利进行的，必须要激活自己的利己心。这段比较出名，你可以读读看。"

> 别的动物，一达到壮年期，几乎全都能够独立，自然状态下，不需要其他动物的援助。
>
> 但人类几乎随时随地都需要同胞的协助，要想仅仅依赖他人的恩惠，那是一定不行的。
>
> 一个人如果能够刺激他人的利己心，使有利于自己，并告诉他人，给自己做事，是对他们有利的，

他要达到的目的就容易得多了。

不论是谁，如果他要与旁人做买卖，他首先就要这样提议。

请给我以我要的东西吧，同时，你也可以获得你所要的东西——这句话是交易的通义。

我们所需要的互相帮助，大部分是依照这个方法取得的。

我们每天所需的食物和饮料，不是出自屠户、酿酒家、面包店的恩惠，而是出于他们自利的打算。

我们不说唤起他们利他心的话，而说唤起他们利己心的话。我们不说自己有需要，而说对他们有利。①

经太："这就是利己心的出处啊。"

杉本："对。

斯密在《道德情操论》里也绝没有否定利己心。只不过他指出，光有利己心，社会全体就会陷入混乱，这时就需要以'公正的旁观者'的同情为媒介，来采取能够进行自我抑制的行动。

---

① 亚当·斯密：《国富论》上卷（山冈洋一译），经济新闻出版社（日本），2007年版，第17页。

编者注：参考《国富论》上卷（郭大力等译），商务印书馆，2014年版，第12页。

《国富论》在解释分工的好处这个部分中，有像上面这样强调利己心的文段，当然，这个利己心不论怎么讲都不是好的义项。从这个点看，《道德情操论》和《国富论》之间并没有思想上的断层，这是目前的定论。"

经太："这样理解的话就好了呢。相比较而言，高中的政治经济教科书，仍然能看到'斯密 = 自由放任主义者'这种模式的表述。"

杉本："的确是那样，教科书的编写人员也有各种各样的辛苦。不管怎么说，斯密意味深长地指出，分工发展了，每个人都是靠交换生活的，从这个意义上说，每个人都成了商人。于是这种社会被称为商业社会（commercial society），意外的是，斯密没有使用资本主义这个词。"

经太："那资本主义是斯密发现的，这种理解是错的吗？"

杉本："不是。斯密的商业社会用今天的说法叫资本主义也未尝不可，但资本主义这个词是后来社会主义者们批判现有体制而开始使用的词汇。有些知识分子竟然也不知道这一点，但你得记住啊。"

经太："好的。"

从杉本老师家回来的路上，经太陷入了深深的思考中。

　　的确，如果斯密是单纯的自由放任主义者的话，就能很容易把他和后来的经济学家区别开来。

　　对于喜欢模式化的人来说，就容易接受。

　　但斯密拥有好几副面孔，这越发让人觉得他是一位深邃的思想家。

　　杉本老师勉励他说，能够理解到这里的话，后面的理解就变得容易了。但还是有很多需要学习的地方。

　　今天已经学了一肚子知识，从明天开始再接着学吧。

第五章
"看不见的手"的独行

我们在这个世界上辛苦劳作，来回奔波是为了什么？所有这些贪婪和欲望，所有这些对财富、权力和名声的追求，其目的到底何在呢？归根结底，是为了得到他人的爱和认同。

——亚当·斯密

投入劳动价值说和支配劳动价值说

斯密称作"商业社会"的经济体制在今天也叫作"资本主义"。但是为什么偏偏是叫"资本主义",依然是一个疑问。

杉本老师说过斯密的价值论很重要,为了了解价值论是在哪种语境下得出来的,经太饶有兴致地读着《国富论》。

没想到立马找到了。

斯密谈到,在商业社会里,谁都在某种程度上成了商人,人们在以物换物的过程中,必须要知道它们的交换价值(指以自己持有的物品能够购买多少其他物品,下文简称为"价值")①。

以斯密的想法,只有劳动才是价值的真正尺度,这种物品价值生成的理论被称作"劳动价值说"。

人类的劳动在这个层面上还容易理解。但是从斯密将劳动价值说分为"投入劳动价值说"和"支配劳动价值说"开始就

---

① 一个物品除了有交换价值,还有使用价值,表示它有什么程度的用处。但斯密以后的古典学派的价值论中,"价值"一般都指"交换价值"。另外,古典学派是指英国经济学派一系,它始于18世纪的亚当·斯密,经过19世纪李嘉图和马尔萨斯,一直到穆勒。对于这一点,留待其他机会再谈。

有些难理解了。前者适用于早期的原始社会，后者适用于资本被蓄积、土地被占有的文明社会。

投入劳动价值论意为，在没有资本蓄积和土地占有的原始社会，商品也就是物品的价值由生产它时所投入的劳动量决定。

斯密举了一个例子，在狩猎民族那里，如果捕猎一只海狸要花费捕猎一只鹿的两倍的劳动量，那么一只海狸就可以交换两头鹿。经太觉得这个就是单纯的算术题，很容易理解。

这种情况下，劳动的产物全部作为报酬归属劳动者。

然而在文明社会，资本被蓄积，土地被占有。也就是说，除了劳动者之外，还要加上作为资本所有者的资本家的利润，和作为土地所有者的地主的地租。这时的物品的价值，就不等同于投入的劳动量，而是由这种物品在市场中所支配的劳动量来确定。斯密称之为支配劳动价值说。

那该物品在市场中支配的劳动量等量于什么呢？就是在报酬以外，加上利润和地租的量。

斯密主张，"投入劳动量＝报酬"，既然在文明社会中增添了利润和地租，那么投入劳动价值说就不再妥当了。物品的价值，就由能支配的相当于报酬部分以上的劳动量来决定。

经太想，文明社会大概和之前提到的商业社会是同一种东西吧。

根据斯密的说法，这样的社会中的物品价值，就等量于"报酬＋利润＋地租"。

在这里，出现了取得报酬的劳动者、赚取利润的资本家和取得地租的地主三个阶级，和我们今天称为"资本主义"的经济体制的三个阶级基本上没有不同。从这个意义上来看，斯密发现了"资本主义"。

自然价格和市场价格

作为支配劳动价值说的延伸，斯密提出了"自然价格"的概念。所谓自然价格，用简单的加法就是"报酬自然率＋利润自然率＋地租自然率"。"自然率"有时也表述为"平均率"[①]。斯密是这样解释的：

> 在每一个社会及其邻近地区，各种用途的劳动的工资以及各种用途的资本的利润，都有一种普通率或平均率。这普通率，像我在后面所说的那样，自然部门受社会的一般情况，即贫富、进步退步或停滞状态的支配，部分受各种用途的特殊性质的支配。
>
> 同样，在每一个社会及其邻近地区，地租也有普通率或平均率。这普通率，像我在后面所说的那样，也是受部分土地所在地的社会及其邻近地区的

————————

① 这种观点被称为"价值构成论"，在后来由李嘉图主张，与"价值分解论"对立。后者将在讨论李嘉图时再对其进行说明。

一般情况所支配，部分受土地的天然肥沃与人工改良所支配。

这些普通率或平均率，可称为那地方那时候通行的工资自然率、利润自然率或地租自然率。

一种商品价格，如果不多不少恰恰等于生产、制造这商品乃至运送这商品到市场所使用的按自然率支付的地租、工资和利润，这商品就可以说是按它的自然价格的价格出售的。①

然而，斯密还认为，物品除了有自然价格，还有市场价格，"每一个商品的市场价格，都受支配于它的实际供售量，和愿支付它的自然价格（或者说愿支付它出售前所必须支付地租、工资和利润的全部价值）的人的需要量，这二者的比例。"②

也就是说，市场价格就是由在初中教科书中出现的需求和供给来决定的价格。

经太发现久违的知识，感到很高兴。

这里出现了两个重要的概念——自然价格和市场价格，而将这两个概念联系在一起的斯密的价值论的主旨还非要向杉本老师请教一番不可。

---

①② 亚当·斯密：《国富论》上卷（山冈洋一译），经济新闻出版社（日本），2007年版，第58、59页。

编者注：参考《国富论》上卷（郭大力等译），商务印书馆，2014年版，第49、50页。

"要向老师提的问题又增加了一条。"经太想。

从开始辅导荣一后，经太对初中生的学习也关心了起来。最近，看到一条有意思的报道，说的是在数学学习上，仅仅教给初中生计算的方法是不行的，还有必要把头脑训练得更灵活。

报道内容如下：

> 有学习能力的孩子们，如果专注于思维训练的话，就有可能在短时间内得到惊人的拓展。
>
> 由此头脑变得更灵活，就不用死记硬背，而是通过培养思维能力，就能通过最难关学校①的考试。
>
> 另外，用于思维训练所需的时间也许是只需拼命背诵的时间的一半，不对，三分之一。然而，孩子们这些难得的学习能力仍然被用在错误的方向上。对于实施这种错误指导的升学培训学校，不知该如何评价。同时，也希望让孩子上这种培训学校的家长们，务必要改变观念。

原来如此。荣一是实践好的思维学习法的一个稀有例子。这点或许是得到了杉本老师的指导吧。

经太乐于辅导荣一，也是因为荣一本身自觉学习吧。

虽然今天教给荣一的二次方程式的使用方法非常简单，但

———————

① 编者注：在日本，难关学校是指考试竞争激烈的初中或者高中私立名校。

教给他的解答公式可以用三种方法证明却并不容易。这让经太非常有感触。

也许他比自己在数学方面更有潜力。

杉本老师在书房里读书，看到经太后放下了书本。

对占用老师的时间感到抱歉，但是好奇心最终战胜了一切。老师并没有不情愿的表情，无论什么时候都细致地回答经太的问题。

杉本："经太，你能理解斯密的价值论了吧？"

经太："还在学习中。目前搞懂了自然价格和市场价格的区别。接下来的内容很重要吧？"

杉本："是啊。斯密区分了自然价格和市场价格，同时也说中心价格就是自然价格。这个就是说，市场价格根据定义，就是随着需求和供给的关系上下浮动，在浮动时的比较水平就是自然价格。在需求更多时，市场价格高于自然价格，相反，在供给更多时，市场价格低于自然价格。

于是，劳动、资本、土地等可以自由流转的话，换言之，自由竞争处于支配地位的话，就应该有市场价格不断靠近自然价格这种倾向。

如果不是这样，斯密认为其原因就必定在于限制了劳动、资本、土地的流转，也就是阻碍了自由竞争（联想到限制垄断和竞争的法律即可）。"

经太："作为阻碍市场价格向自然价格靠拢的因素，可以举独占这个例子，斯密的价值论和批判独占有联系吧？"

杉本："是的。在这之前，可以先读读斯密写的有关自然价格的文章。"

杉本老师说完，开始朗读《国富论》中的相关文章。

商品这样出卖的价格，恰恰相当于其价值，或者说，恰恰相当于出售这商品的人实际上所花的费用。

普通所谓商品原始费用，虽没有包含再贩卖这商品的利润，但若再贩卖者按照不能得到当地一般利润率的价格把这商品卖掉，那他显然就会遭受损失。因为，他若把资本投在其他方面，就可以得到那笔利润。况且，他的利润就是他的收入，也就是他生活资料的正当资源。

他在制造商品、把它送往市场的过程中，要垫付劳动者的工资或生活资料，也要垫付他自身的生活资料。他自身的生活资料，大体上说与他可以从出卖商品指望的利润相当。因此，商品的出卖若不能给他以利润，那就等于说，他没有从这商品的出卖取回其实际费用。

　　能提供这种利润的价格，虽然未必是一般商人出卖货物的最低价格，但却是他在相当长的时期内肯出卖的最低价格，至少在有绝对自由即个人能随意变更职业的地方，情形是如此。[①]

杉本："根据斯密的观点，自然价格可以看成是包含了平均利润的成本，在这里有一个重要的提法容易被漏掉。

　　卖东西这种事是资本家的工作。资本家理所当然地将资本投到最能赚取利润的地方。

　　如果贯彻自由竞争的话，通过资本家之间的竞争，利润率应该会落在平均水平上。

　　比如说，将资本投入制鞋部门时的利润率，比投入制帽部门时的利润率高的话，资本家就会将资本从制帽部门撤出，转而投到制鞋部门。

　　经过这种竞争的过程后，利润率会最终落在平均水平上。

　　如果用后来的术语来说的话，自然价格是在整个经济中达到均等利润率时的价格。有点难，你懂了吗？"

---

　　① 亚当·斯密：《国富论》上卷（山冈洋一译），经济新闻出版社（日本），2007年版，第58—59页。

　　编者注：参考《国富论》上卷（郭大力等译），商务印书馆，2014年版，第49—50页。

经太："均等利润率达成的背后，有相应的资本家之间的竞争，对吗？"

杉本："对。资本家不需别人的提示，对自身的利益是最清楚的。他们拥有的资本的流动性在能保障自由竞争的前提下，就可以带来终极的均等利润率。这里很重要。斯密正确地认识到商业社会就是资本拥有主导权的社会。"

经太："所谓'斯密发现了资本主义'就是这个意思吧？"

杉本："没错。如果不能弄懂上面的内容，就会像美国的教科书那样，犯下把斯密的价值论替换成单纯的价格机制的错误。"

经太："不知怎么，视野突然打开了。"

杉本："那就太好了。往后你应该就能理解某些关于斯密对独占的猛烈批判，和著名的'看不见的手'等表述的误解。"

经太："谢谢您。我会继续学习。"
经太不时地汲取杉本老师的教导，也明白了在增长学问方面能遇到一位良师是多么的重要。

关于对"看不见的手"的误解

如老师所说，斯密对垄断的批判紧接着就出现在价值论这个部分。

妨碍自由竞争的行为、赋予个人和贸易公司的垄断权、同行协会的特权等，全都是不增加供给，不满足市场的相应的需求，形成自然价格之上的市场价格，以此为资本家带来垄断利润。

斯密对垄断的批判，是毫不犹豫的，彻底的。

> 垄断价格，在各个时期，都是可能得到的最高价格。反之，自然价格或自由竞争的价格，虽不是在各个时期，但在长期间内，却是可能有的最低价格。
>
> 垄断价格，在各个时期，都是能向买者榨取的最高价格，或者是想象中买者愿支付的最高价格，而自然价格或自由竞争的价格，却是卖者一般能接受的最低价格，也就是他能够继续营业的最低价格。①

但是，杉本老师指出的关于"看不见的手"的误解又是指

---

① 亚当·斯密：《国富论》上卷（山冈洋一译），经济新闻出版社（日本），2007年版，第65页。

编者注：参考《国富论》上卷（郭大力等译），商务印书馆，2014年版，第56页。

什么呢？

经太预料这是一个很难的问题，但是真正读了《国富论》之后，又发现是这是一个相对单纯的问题。

不过即使单纯，由于误解很多，所以也是一个重要的问题。

斯密的言论如下。

> 但每个社会的年收入，总是与其产业的全部年产物的交换价值恰好相等，或者说，和那种交换价值恰好是同一样东西。
>
> 所以，由于每个个人都努力把他的资本尽可能用来支持国内产业，都努力管理国内产业，使其生产物的价值能达到最高程度，他就必然竭力使社会的年收入尽量增大起来。
>
> 确实，他通常既不打算促进公共的利益，也不知道他自己是在什么程度上促进那种利益。
>
> 由于宁愿投资支持国内产业而不支持国外产业，他只是盘算他自己的安全；由于他管理产业的方式目的在于使其生产物的价值能达到最大程度，他所盘算的也只是他自己的利益。
>
> <u>在这场合，像其他许多场合一样，他受一只看不见的手的指导，去尽力达到一个并非他本意想要达到的目的。</u>也并不因为事非出于本意，就对社会有害。他追求自己的利益，往往使他能比在真正出

于本意的情况下更有效地促进社会的利益。

我从来没听说过，那些假装为公众幸福而经营贸易的人做了多少好事。事实上，这种装模作样的神态在商人中间并不普遍，用不着多费唇舌去劝阻他们。

关于可以把资本用在什么种类的国内产业上面，其生产物能最大价值这一问题，每一个人处在他当地的地位，显然能判断得比政治家或立法者好得多。

如果政治家企图指导私人应如何运用他们的资本，那不仅是自寻烦恼地去注意最不需注意的问题，而且是僭取一种不能放心地委托给任何个人、也不能放心地委之于任何委员会或参议院的权力。把这种权力交给一个大言不惭地、荒唐地自认为有资格行使的人，是再危险不过了。[1]

在划线部分看到"看不见的手"时，经太认为不能将其看作是由价格机制带来的需求供给调整功能。

那里写道，人们都是基于自己的利己心，努力使自身的利益最大化，因此（"人们"这个主语没有被特定化，所以不好

---

[1] 亚当·斯密:《国富论》下卷（山冈洋一译），经济新闻出版社（日本），2007年版，第31-32页。

编者注: 参考《国富论》下卷（郭大力等译），商务印书馆，2014年版，第30-31页。

理解，但投入资本的人明显只能是资本家了）资本家不过是将资本投入更安全的、能够雇佣更多的生产性劳动者的国内。

即使没有政治家和立法者的指示，资本家也最清楚自己的利益。

由此，资本的投入是按资本的安全性和雇佣生产性劳动者的可能性从高到低的地方顺序进行。

斯密认为，资本通过节约积蓄，积蓄的资本以上述标准，按农业→制造业→国内商业→外国贸易这样的顺序投入进去，这是最有效率、最自然的道路。

（资本投入的自然顺序），如果把握住这个的话，那上面的引文就更容易理解了。

也就是说，"看不见的手"可以是一种即使人们没有任何意图也在运作的经济法则，或者是由价格机制带来的供需调节功能，但是不能把它说成是一概排除政府干涉的自由放任主义。

几乎所有美国的经济学入门书籍都有"看不见的手＝价格机制＝自由放任主义"这样的表述，实际上这不过是一种误解。

令经太感觉不可思议的是，专家早在半个世纪前都已经指出"亚当·斯密＝自由放任主义者"这种理解是错误的，但是至今仍然存在上述误读。

比如说，经太从图书馆借来的岩波新书①《亚当·斯密》中，就明确地这样写了。

---

① 编者注：岩波新书是指由岩波书店新近刊行的学术出版物，岩波书店是日本最大的出版社之一，成立于1913年。

作者高岛善哉（1904—1990）是社会思想史的权威，但让人很难理解的是，他下面这段表述几乎被后世的经济学者忽略掉了。

然而所谓经济，与其说是赋予每个人自由活动而没有阻碍的世界，不如说是从价格机制上赋予每个人自由活动而更加有效果的世界。

斯密将其表述成价格机制所支配的世界来解释说明。价格机制的支配是指这么做的话对于国家和社会的繁荣是一个好的状态。不去推行严厉的规则，不用上面的权威和权力去强迫，反而能更顺利地进行。这就是经济世界的性质。

所以从本质上来说，利己心只能在正义的界线内运作，经济人员的活动必须要在整体上为国家社会的繁荣起作用。

经济世界不是不法之徒的世界，也不是无条件的自由放任的世界。

遍览斯密的著作，自然自由、自由竞争这些词汇所读之处皆有所见，唯独自由放任这个词始终没有出现。这从斯密的社会哲学原理来讲是理所当然的。[1]

---

[1]　高岛善哉：《亚当·斯密》，岩波书店（日本），1968年版，第84页。

自然的自由制度

对于杉本老师指出的关于"看不见的手"的误解大概理解了，经太又回到资本投入的自然顺序上来。

斯密考虑到资本的安全性和能够雇佣生产性劳动者的可能性的高低，主张资本最自然的投入顺序就是"农业→制造业→国内商业→外国贸易"。

> 按照事物的自然趋势，进步社会的资本，首先是大部分投在农业上，其次投在工业上，最后投在国外贸易上。这种顺序是极自然的；我相信，在所有拥有多少领土的社会，资本总是在某种程度上按照这种顺序投用。
>
> 总得先开垦了一些土地，然后才能成立很多城市；总得在城市里先有了粗糙的制造业，然后才会有人愿意投身于国外贸易。①

斯密对于颠倒这种"资本投入的自然顺序"，偏重外国贸易的重商主义政策进行了严厉的批判。

---

① 亚当·斯密：《国富论》上卷（山冈洋一译），经济新闻出版社（日本），2007年版，第393页。

编者注：参考《国富论》上卷（郭大力等译），商务印书馆，2014年版，第363页。

从某种意义上，说《国富论》是为了批判重商主义体系而编写的时论也不无道理。因为批判重商主义的意图从《国富论》的开头文章就已经有了预告。

斯密并不是当今教科书中所说的公式化的自由放任主义者。

经太对于自己和岩波新书《亚当·斯密》在理解上达成了一致而感到高兴，同时感到现在依然不能松懈。

《国富论》还有一部分没有读完。

斯密原则上支持国内的没有垄断和限制的自由竞争，也支持国外的没有重商主义束缚的自由贸易。但是，随着往下继续读《国富论》，经太发现，不能简单地认为斯密在主张如果这样做就能立即形成自然自由制度（system of natural liberty），斯密的思考也许更加深刻。自然自由制度的确是一种理想，也是需要达成的目标。

然而在现实中，自古以来的商业惯例和同行协会等威胁自由竞争，重商主义限制的残余使得外国贸易也没有完全的自由。

斯密甚至认为，"不能期望自由贸易在不列颠完全恢复，正如不能期望理想国或乌托邦在不列颠设立一样。"[1]说明他绝

---

① 亚当·斯密：《国富论》下卷（山冈洋一译），经济新闻出版社（日本），2007年版，第47页。

编者注：参考《国富论》下卷（郭大力等译），商务印书馆，2014年版，第45页。

对没有乐观地看待现状。

然而，要认识到现实和理想的相悖，才能把对自由的诉求，和对打破过去束缚的社会改革的诉求联系起来。

对于斯密来说的"自由"，和那种承认现状的消极特点是绝对不相容的。

更重要的是，对于这种自由的诉求，即使在自然自由制度确立之后，也决不和国家或者政府的必要的适当作用发生矛盾。

高中的政治经济教科书里写道，斯密只认可国家有国防和治安维护等最低限度的作用，也就是"守夜人国家"的由来。但是经太觉得这是容易招来误解的表述。

斯密指出，在"自然的自由制度"下，国家至少要担负三个义务。

这三个义务极其重要，简单明了，用常识就能理解。

第一，保护本国社会的安全，使之不受其他独立社会的暴行与侵略。

第二，保护人民不使社会中任何人受其他人的欺侮或压迫，即设立一个严正的司法行政机构。

第三，建立并维持某些公共机关和公共工程。[①]

---

① 亚当·斯密：《国富论》下卷（山冈洋一译），经济新闻出版社（日本），2007 年版，第 277 页。

编者注：参考《国富论》下卷（郭大力等译），商务印书馆，2014 年版，第 263、280、293 页。

国防、司法行政、公共事业这三个方面，应该被看作是国家应担负的最低限度的三个义务。

而斯密在《国富论》中举出了一些因时因地制宜而产生的原则之外的例子。

例如，有人提议英国应禁止在国内发行 5 英磅以下的纸币（如果允许发行小额的纸币，就有财力不足的银行家参与，他们很容易破产，接受他们这些小额纸币的穷人就会陷入困境之中），斯密据此指出自然自由制度也不是绝对不可破坏的。

斯密的思维，柔和且尽得中庸之道。

> 也许有人说，银行钞票无论数额大小，只要私人愿意接受，就应在许可之列。政府禁止其领受，取缔其发行，实在是侵犯自然的自由，不是法律应有的。因为法律不应妨害自然的自由，而应予以扶持。从某观点说，这限制诚然是侵犯自然的自由。
>
> 但会危害全社会安全的少数人的自然自由，却要受而且应受一切政府的法律制裁，无论政府是最民主的政府或是最专制的政府，法律强迫人民建筑隔墙，以预防火灾蔓延，其侵犯自然的自由，无异于我们这里主张以法律限制银行活动。[1]

---

[1] 亚当·斯密：《国富论》上卷（山冈洋一译），经济新闻出版社（日本），2007 年版，第 331 页。

编者注：参考《国富论》上卷（郭大力等译），商务印书馆，2014 年版，第 306 页。

另外一个例子是，斯密的自由贸易论也没有过激到一举撤销进口限制和关税，向外国人完全开放国内市场的程度。

他谈到，从贸易保护到自由贸易的转换，应该考虑人们由此遭受损害的利益，花些时间渐进地推进。

> 大制造业经营者，如果由于在国内市场上突然遇到了外国人竞争，不得不放弃原业，其损失当然不小。
>
> 通常，用来购买材料支付工资的那一部分资本，要另觅用途，也许不会十分困难。但固定在工厂及职业用具上的那一部分资本，其处置却不免造成相当大的损失。
>
> 对于他们的利益，公平的考虑，要求这种变革不要操之过急，而要徐缓地、逐渐地，在发出警告很久以后实行。①

经太甚至在想，像这样给斯密的思想贴上"自由放任主义"或"守夜人国家"的标签让考生背诵，是不是对经济学这门学问的冒犯。

就算斯密是自由主义者，也绝不是自由放任主义者。

---

① 亚当·斯密：《国富论》下卷（山冈洋一译），经济新闻出版社（日本），2007 年版，第 48 页。

编者注：参考《国富论》下卷（郭大力等译），商务印书馆，2014 年版，第 46 页。

经太把上面的内容汇总用电子邮件发给了杉本老师。

几个小时后收到回信:"very good！但是希望你从斯密开始，一直学到古典派的李嘉图、马尔萨斯、J．S．穆勒他们。"

是啊！斯密不过是一个开始罢了。

反复翻看《国富论》，反复思考，经太也稍稍感觉到了倦意。差不多是该睡觉的时候了。

斯密的遗言

经太看见斯密躺在病床上。

斯密在出版《国富论》后，1778 年被任命为苏格兰的关税委员，在爱丁堡置办了住所，除了关税委员的工作之外也从事《道德情感论》和《国富论》的修订工作。

在察觉到自己行将就木时，斯密指定约瑟夫·布莱克和詹姆士·哈顿二人为遗嘱执行人，并委托他们烧掉自己大部分的遗稿。

经太觉得把这些优秀作品的遗稿都烧掉很是浪费，但是斯密的意思很坚决。终于在一个合适的时候有了谈话的机会。

斯密："你又来了啊？"

经太："您身体欠佳，要不我改天再来？"

斯密："没关系。我的时间应该没有多少了。想问什么就尽管问吧。"

经太："那我就长话短说吧。您的'自然的自由制度'的实现不能一挥而就，而是在考虑到利害关系人的同时，一步一步地靠近目标。这样反而有现实意义。可以这样理解吗？"

斯密："是的。想一步到位地实现'自然的自由制度'是不可能的。但是，我还有其他的东西想作为遗言送给你。"

斯密缓了一口气，说："在我之后，自称继承了我的自由主义的人会有很多吧。但是，即使在世人眼中我的学说就像普遍理论一样展开，但在任何时候我都没有忘记我英国人的身份。

我在《国富论》中写道，为削弱荷兰的海军力量和经济能力而制定的航海条例（1651年），虽然对国外贸易来说是不利的，但是是符合英国的国家利益的。国防比国富重要得多，所以，在英国各种通商条例中，《航海条例》也许是最明智的一种。①

---

① 亚当·斯密：《国富论》上卷（山冈洋一译），经济新闻出版社（日本），2007年版，第40页。

编者注：参考《国富论》上卷（郭大力等译），商务印书馆，2014年版，第38-39页。

在欧洲的各个大国中成名的经济学家，今后也会对普遍理论进行展开吧。你要注意他们的言论。这些东西背后一定隐藏了国家利益。你看起来很聪明，应该能察觉到这些东西。"

经太："明白了。您身体要紧，我就先离开了。"

斯密似乎微微点头。斯密病情日益严重，在 1790 年 7 月 17 日离开了这个世界。

第二天早上睁开眼时，经太感觉到了斯密临终遗言的厚重。

他想，虽然到目前还没有怎么意识到经济学者和民族主义的关系，但在学习斯密之后的经济学家的思想和理论时，一定要铭记这一点。

第六章
古典经济学的形成

每一种享乐，如无节制，都可破坏它本身的目的。

——托马斯·罗伯特·马尔萨斯

李嘉图和其著作《政治经济学及赋税原理》

荣一打电话来了。

说自己正在学数学的勾股定理（也就是毕达哥拉斯定理），想让经太去辅导一下。

多么令人怀念的定理啊。说起来，前不久经太刚读过一则新闻报道，说的是以前小学的校长把自家混凝土墙上制作的勾股定理壁画放在了校园里。

公元前希腊人的数学，到现代依然被人们学习，是一件多么匪夷所思的事情。不过，古希腊和古罗马的思想是西方学术的源头，所以这也就没那么令人吃惊了。

到了杉本老师家后，经太看到荣一好像在思考有关勾股定理的证明有没有更有意义的方法。用相似或者正方形的证明虽然很简单，但稍微高深一点的方法证明出来后，荣一才会感到满足。他或许真的是喜欢数学吧。

到了经太和杉本老师会面的时候了。

杉本：“经太，之前的报告打个 A+ 都不为过，学得不错。”

经太：“惭愧惭愧。老师回信说'斯密是一个开始'，我想了想的确是那样。”

杉本：“是吗。斯密之后就是大卫·李嘉图（1772—1823）了。如果说斯密的《国富论》是关注如何增加一国的财富的话，那么李嘉图，一言以蔽之，就是研究土地的产物的三个阶级（资本家、地主、劳动者）之间的分配法则。”

经太：“不是增长，而是分配吗？”

杉本：“可以那样讲。但是他写的《政治经济学及赋税原理》（1817 年初版）的开头就是针对斯密价值论的批判性讨论，然后又严密地提出自己的价值论，并将其和分配理论精彩地衔接起来，天才地构建了自己的经济理论。在古典派中是最棘手的，所以你最好有心理准备。”

经太：“明白了。关于李嘉图这个人物，您有什么书推荐吗？”

杉本：“嗯。小传的话，一般在《政治经济学及赋税原理》译本的前言或作者简介中有，你可以先读读。至于多如牛毛的

那些评传，国内外有很多种，我觉得现在可以不读。如果需要
参考书的话，我那本书可以借给你。"

经太："谢谢您。"

杉本："经太，在李嘉图那里，没有像斯密那样关于历史
和制度的记述。而是更注重逻辑。如果不耐着性子钻研的话
是不行的。只要下功夫，最后肯定能理解李嘉图体系的。"

经太："好的。"

经太查了下李嘉图的生平，得知他出身在阿姆斯特丹的一
个犹太人的家庭里，并在那里长大，之后移居伦敦，跟随父亲
学习证券经纪，成了一名证券经纪人并积累了财富。

证券交易对于经太来说还是个未知的世界，让他觉得有意
思的是，赚了大钱的李嘉图，干脆放弃了这份工作，在乡村置
办宅邸，并将闲暇时光投入自己喜欢的学术研究中。

青年时代的李嘉图热爱自然科学（数学、化学、矿物学、
地质学等）。这一点和从道德哲学的研究走向经济学的斯密有
着明显的区别。

杉本老师说李嘉图注重逻辑，似乎他更倾向于使用自然科
学那样严密的思考方法。《政治经济学及赋税原理》的译者解
说中也有这样的描述。

《政治经济学及赋税原理》中表现出的李嘉图经济学的本质特点，用一句话说就是重视抽象方法和推论。他的经济学的主要课题，是探究决定土地产品、资本家、劳动者三个阶级之间分配比率的本质原因，以及确定分配比例变动的长期性法则。

像李嘉图这样用单纯的假设来进行分析和推论，明显是犹太知识分子的特点，而不是重视个别和经验的盎格鲁－撒克逊人的特点。李嘉图在方法上与他那重视经验事实和例外、短期法则和复合现象的对手马尔萨斯有明显的不同。两人通过著作和很多信件进行的争论不少都观点相左，个中缘由恐怕有一半都要从犹太和盎格鲁－撒克逊之间的思维特性的不同当中寻找。[1]

经太对这篇文章中出现的马尔萨斯的名字印象深刻。托马斯·罗伯特·马尔萨斯（1766—1834）因其著作《人口论》（1798 年出版）而出名。

---

[1] 大卫·李嘉图：《经济学及赋税原理》下卷（羽鸟卓也、吉泽芳树译），岩波书店（日本），1997 年版，第 304 页。此段为羽鸟卓也、吉泽芳树对该书的解说内容。

马尔萨斯和其著作《人口论》

但是，第一次告诉经太马尔萨斯这个名字的并不是社会课老师，而是数学老师。在学等差数列和等比数列的时候，数学老师讲到，马尔萨斯著名的《人口论》，特别是他的人口抑制论的根据，都在这两个数列的差异里面。

具体来说的话，成等差数列（比如像 1，2，3，4，5，6……）这样增加的是粮食，而成等比数列（比如像 1，2，4，8，16……）这样增加的是人口，如果理解这个简单的算术的话，人口抑制的必要性就不言自明了。

经太好奇书里是不是真的这样写的，他甚至去图书馆借了书来读，印象很深。当他发现书里的确是那样写的时，对常常在黑板上淡淡地写着证明的数学老师有了新的认识。

为谨慎起见，这里引用马尔萨斯的言论。

　　　　如果不对人口加以限制的话，人口就会成等比数列增加，同时生活资料只能成等差数列增加。只要懂一点数学的人，都会知道前者最终远远大于后者吧。①

这本《人口论》的作者马尔萨斯好像是李嘉图的好友。

----

① 马尔萨斯：《人口论》（永井义雄译），中央公论新社（日本），1973 年版，第 23 页。

但是，还是不太懂刚刚解说中提到的重视抽象方法和推论的李嘉图与重视个别和经验的马尔萨斯之间的区别。

看到他们的生卒年后，经太注意到，他们生活的时代正是英国经过工业革命后成为世界工厂，确立了资本主义体制的时期。

经太赶紧把世界史教科书拿了出来，刚好找到了介绍时代背景的内容。

通过工业革命，英国从以农业为中心的社会转变为以工业为中心的社会。工业革命前的工业是基于手工业的小规模产业，有大量的农户家庭工业和公会式手工业的残余。工业革命后，出现了大规模的机械化工厂，开始大量生产和供给低价商品，传统的家庭工业和手工业急速衰落。

一方面，经营大工厂的资本家（产业资本家）可以左右经济大势，社会地位也提高了。像这样资本主义体制就确立了。

产业革命的结果就是极大地改变了一直以来的生活方式，使得人们所期望的是进步而不是传统，人们的生活情感和价值论也发生了翻天覆地的变化。

人口向都市集中的结果，就是诞生了像曼彻斯特、伯明翰这样的工业大都市和利物浦这样的商

业大都市。在大规模工厂中的劳动者，被要求有
纪律地工作，得到了更多的团结起来的机会。使
得他们作为劳动者阶级的意识开始觉醒，并组织
了工会。

另一方面，随着分工的推进，女性和儿童也能
够在工厂和矿山中工作，当时的资本家优先追求更
多的利润，强制劳动者在不卫生的环境下长时间劳
动，并支付很低的薪水。

因此，劳动者和资本家的关系恶化，产生了深
刻的劳动问题和社会问题，同时出现了旨在解决这
些问题的思想，比如社会主义思想等。[①]

经太注意到这些表述中出现了"资本家"和"劳动者"，
但没有"地主"。对这其中的含义，等学了李嘉图经济学后再
回来研究吧。

商品价值论

那么，正如之前所了解，李嘉图靠证券经纪人的工作赚
了钱，1799 年为了夫人的疗养暂居英国的珀斯（当时是上流

---

① 日本高等学校教科书《详说世界史 B》，山川出版社，2016 年版，
第 244 页。

阶层的康养地，在当今也是温泉度假城市）。在此期间偶然得到一本斯密的《国富论》，让他走上研究经济学这门学问的道路。

《政治经济学及赋税原理》可以说是李嘉图多年思考的结晶。在他的眼中，斯密的《国富论》有很多缺点和模糊的地方。因此，《政治经济学及赋税原理》的开头就是对斯密的价值论进行批判性的讨论。

李嘉图的厉害之处在于，从价值论开始，一直展开到针对三个阶级（资本家、地主、劳动者）分配土地的法则的解释。其目的已经在《政治经济学及赋税原理》序文的最开头明确地表明。

　　　土地产品——即将劳动、机器和资本联合运用在地面上所取得的一切产品——要在土地所有者、耕种所需的资本的所有者以及以进行耕种工作的劳动者这三个社会阶级之间进行分配。

　　　但在不同的社会阶段中，全部土地产品在地租、利润和工资的名义下分配给各个阶级的比例是极不相同的；这主要取决于土壤的实际肥力、资本累积和人口状况以及农业上运用的技术、智巧和工具。

　　　确立支配这种分配的法则，乃是政治经济学的

主要问题。^①

正如杉本老师所说。李嘉图已经察觉到斯密的价值论那个地方有些模糊了吧。赶紧读读看。

一翻开书就有一段核心突出的内容出现在眼前。

> <u>商品的价值或其所能交换的任何另一种商品的量，取决于其生产所必需的相对劳动量，而不取决于付给这种劳动的报酬的多少。</u>^②

这段文字看起来简单，但暗藏了批判斯密价值构成论的意图。

斯密认为，在资本积累和土地占有之前的早期原始社会状态，投入劳动价值说是成立的。在这种情况下，劳动的产物以报酬的形式归属于劳动者。但是，在文明社会中，由于新的资本利润和土地地租加入，"投入劳动价值＝劳动报酬"已经不成立，支配劳动价值说代替投入劳动价值说。

于是，明确表述支配劳动价值说立场的，就是斯密的自然价格的定义了。

---

①② 大卫·李嘉图：《经济学及赋税原理》上卷（羽鸟卓也、吉泽芳树译），岩波书店（日本），1987年版，第11页。

编者注：参考《大卫·李嘉图全集（第1卷·政治经济学及赋税原理）》（郭大力等译），商务印书馆，2013年版，第1、5页。

**自然价格 = 报酬的自然率 + 利润的自然率 +
地租的自然率**

自然价格是市场价格被引导而成的中心价格，这是价值论的核心。

斯密认为价值由劳动报酬、利润、地租的汇总值决定，这也被称为价值构成论。

不管是斯密把劳动价值说分为早期原始社会状态和文明社会，还是他的价值构成论的观点，李嘉图都不认同。

李嘉图认为投入劳动价值说不管是在早期原始社会状态还是在文明社会都适用。

生产商品投下的劳动量决定商品的价值，价值分解为劳动报酬和利润。这个被称为"价值分解论"。

只要坚持价值构成论（以谷物价格上升为例），那么在劳动报酬上涨的情况下，其他所有的价格都会上涨，所以劳动报酬上涨时，不能明确地说出利润受到什么样的影响。

这种思考方式对于将分配法则的确定作为经济学主要课题的李嘉图来说是难以接受的。

根据一贯主张投入劳动价值说的李嘉图的说法，物品的价值由投入劳动量在一定大小范围内决定[1]。

---

[1]　李嘉图在后来论及固定资本和流动资本构成的不同、固定资本的耐久度的不同成了修正投入劳动价值说的重要原因，但仍坚持投入劳动量决定价值这个核心部分。

价值分解为劳动报酬和利润，这两者之和是一个常数，所以在劳动报酬上涨的情况下，利润必然就会减少。

那么劳动报酬是由什么决定的呢？

李嘉图认为这个问题是商品价值论的应用。

就是说，正如物品的价格当中有市场价格和自然价格，那报酬中也有市场报酬和自然报酬。

市场报酬是根据劳动市场中的供需关系上下变动，变动的中心点就是自然报酬。

李嘉图将自然报酬定义为"劳动者大体上能够生活下去并不增不减地延续其后裔所必需的价格"①。简单说就是生存费用。

根据劳动市场的供需状况，市场报酬比起自然报酬，有时高，有时低，长期来看，会被拉向自然报酬（生存费用）的水平。

经太注意到李嘉图在这里巧妙地引入了马尔萨斯的人口法则。

比如，劳动市场供不应求的话，市场报酬就会暂时高过自然报酬。如果获得的报酬高于生存费用的话，劳动者的生活就会变得宽裕，最终导致人口增加。

随着劳动供给的增加，供不应求消失，报酬再次回落到自

---

① 大卫·李嘉图：《经济学及赋税原理》上卷（羽鸟卓也、吉泽芳树译），岩波书店（日本），1987年版，第135页。

编者注：参考《大卫·李嘉图全集（第1卷·政治经济学及赋税原理）》（郭大力等译），商务印书馆，2013年版，第75页。

然报酬的水平上。

　　如杉本老师所说，李嘉图是通过推理一步一步地构筑理论体系。这就是译本的解说中说的"犹太知识分子"吧。他的确可称为天才。

级差地租论

　　刚刚弄懂了"报酬上涨→利润减少"成立的原因是因为价值分解为劳动报酬和利润，那么地租是如何决定的呢？

　　实际上，李嘉图为此专门准备了一套叫作"级差地租论"的理论。级差地租论是以土地的肥沃度造成的优劣势为前提。本来耕作行为是从肥沃度高（也可以说是生产力高或者不花费生产费用）的土地向肥沃度低（也可以说是生产性低或花费生产费用）的土地进行。

　　土地的生产力随着耕作的进行而降低，这就是土地收益递减规律。

　　李嘉图的级差地租论是指，以上述内容为前提，谷物的价格由边际土地（耕地中肥沃度最低的土地）的生产费用决定。

　　进一步解释的话，在资本蓄积、人口增加的社会中，不仅肥沃的土地会被耕种，最终贫瘠的土地也会被逐渐耕种。但是，谷物的价格由边际土地的生产费用决定，所以比边际土地更肥沃的土地就会产生盈余。这就是地租。

肥沃土地的生产费用比边际土地的生产费用更低，这个级差用简单的减法就能算出。

于是耕种贫瘠的土地时，其土地的生产费用就会增加，地租就会上升。

要注意到在这种情况下，边际土地上原本不存在地租。

因此李嘉图指出，级差地租论的核心就是，"谷物的价值是由在不支付地租的那一等土地上，或用不支付地租的那一份资本进行生产时所投下的劳动量所决定的。谷物价格高昂不是因为支付了地租，相反地，支付地租倒是因为谷物昂贵。"[①]

经太觉得，这样的理论虽然是在以农业为主要产业的时代的产物，但李嘉图体系精彩的构造的确令人钦佩。

如果从零件角度去正确理解体系构成的话，李嘉图的经济学可以这样总结。

资本蓄积→劳动需求增加→市场报酬上涨→人口增加→谷物需求增加→劣等土地扩大耕作→谷物价格上涨→地租和自然报酬上涨→利润率下降

李嘉图主张，为了避免利润率下降，有必要通过贸易自由化来进口外国便宜的谷物，这在根本上是产业资本家阶级的立

---

① 大卫·李嘉图：《经济学及赋税原理》上卷（羽鸟卓也、吉泽芳树译），岩波书店（日本），1987年版，第112页。

编者注：参考《大卫·李嘉图全集（第1卷·政治经济学及赋税原理）》（郭大力等译），商务印书馆，2013年版，第59页。

场。而相对应的，李嘉图好友马尔萨斯认为过分依赖外国的谷物供给在安全保障方面并不乐观，并且以谷物进口自由化会破坏国内农工平衡等理由反对贸易的自由化。

这在根本上是地主阶级的立场。

经太把自己学到的范围汇总成报告邮件发给了杉本老师。几个小时后，杉本老师回信来了，"这么理解没问题。其他的到我家来见面说"。

剩下的问题最好还是找杉本老师请教，经太想。今晚的学习就到此为止。

李嘉图和马尔萨斯的不同立场

再一次进入梦乡，经太似乎来到一个和伦敦明显不一样的地方。找了找看有没有写有地名的牌子，终于看到一排文字Hertfordshire（赫特福德郡）。它是英国东部的一个郡，这里会有什么呢？

一时间经太大脑一片空白。在不停探索街道的过程中，经太发现一家名为"East India Company College"的学院。这所学院是东印度公司的培训机构。说起来，李嘉图的好友马尔萨斯曾担任过这所学校的历史学和经济学教授。

马尔萨斯因《人口论》很早就出了名，他肯定是东印度公司学院的著名教授。书上有马尔萨斯的照片，这样的话应该可

以找到他吧。

　　耳边传来一位看起来像年轻学生的话语，在说"Pop……"。Pop 在现代指流行音乐，但应该不是那个意思。对了，想起来之前读马尔萨斯传记的时候，里面介绍他的学生送给他"Pop"这样的爱称。

　　Pop 在词典中的意思是"爸爸、父亲"，经太推测这多半是源于 population，不过现在来看，爱称的由来并不重要。

　　Pop 在哪儿呢？终于找到一个和马尔萨斯的照片相符的人，他正在和学生谈话。

　　结束后，他向经太这边走来。

　　马尔萨斯："看起来你有问题要问呢。"

　　经太："是的。非常抱歉，有一点点问题想请教您。"

　　马尔萨斯："什么？"

　　经太："我读了您的好友李嘉图先生写的《政治经济学及赋税原理》，对其中精彩的理论架构体系感到非常吃惊，我还听说您和李嘉图先生站在了不同的立场。"

　　马尔萨斯："李嘉图是少见的高手。我和他长期信件往来，不管是什么问题，每个意见都不一样。我们思考方式的差异可见一斑。不过我们互相也认可对方的能力，不管什么时候都是好朋友关系。"

经太："因为时间限制，我原本也没有打算问您你们所有的观点差异。如果您能给我一点提示，让我找到经济问题的切入方法，那就太好了。"

马尔萨斯："嗯。李嘉图是一流的理论家，如果说有一样不足的话，应该是他有将事物简单化来构筑抽象化理论的倾向。"

经太："应该更加重视经验论的观点吗？"

马尔萨斯："可以那样讲。我自己也写了本《经济学原理》（1820 年），在序言中有一篇文章和李嘉图的方法论是对立观点。"

说着，马尔萨斯拿起他手边的一本书读了起来。

在经济学方面，因为有想简单化的动机在其中，所以导致不愿承认特定结果的产生是由一个以上的原因导致的。因此，如果某一个原因解释了某种现象的大部分，那么这种现象就会被看作是那一个原因的结果，而这种没有充分考虑的解决方式根本不应该被允许。①

马尔萨斯："李嘉图的书的确是杰作，但你读的时候，要记得我现在说的话。"

经太："明白。"

马尔萨斯听了之后像对经太表示肯定似的离开了。经太觉得，马尔萨斯的话肯定和李嘉图译者解说中所说的，李嘉图的"抽象方法和重视推论"和马尔萨斯的"重视个别和经验"之间的方法有某种联系。但是具体什么样的，还要继续学习。

第二天早上醒来的经太，找到了马尔萨斯在梦所提的文章。

李嘉图和马尔萨斯的对立，作为古典经济学时代的两种理性的争论，能一直持续到现代，也是一桩了不起的事情。

但是，经太重新读世界史教科书时，注意到了地主阶级在资本主义体制中逐渐没落的事实。

经过一番调查研究，得出了如下结论。

---

① 马尔萨斯《经济学原理》的英文原著已经被纳入公有领域，可以在网上阅读。地址为：https://oll.libertyfund.org/titles/malthus-principles-of-political-economy

李嘉图在自己的理论体系中认为，在进行资本积累之后，利润率无论如何都会降低，于是他主张允许自由进口便宜谷物的自由贸易的利益。

　　当时的英国为了保护地主，制定了限制外国产谷物进口的谷物法，李嘉图的经济学就成了产业资本家主张废除该法律的理论依据。

　　针对这个，马尔萨斯认为谷物即使便宜，但这样的主食如果过分依赖进口，会造成国家安全保障方面的危险，他以谷物自由进口会破坏国内农工平衡这样的理由来拥护谷物法。

　　这无疑表明他持拥护地主阶级利益的立场。这场争论最终的胜出者是李嘉图。

　　在资本主义发展的同时，产业资本家逐渐扩大了自己的政治势力，在 1846 年成功废除了谷物法。

　　那时，李嘉图和马尔萨斯都已离世，地主阶级势力退居二线后，资本家和劳动者的对立变得越加激烈。

　　对于这个时代，某个时候还会讨论的吧。经太期待下一次和杉本老师的见面。

　　荣一在初中学的数学已经全部教过了，经太在想要不要看情况进入高中数学的辅导。

　　荣一的确是一名优秀的初中生。英语的阅读能力也在同年级初中生之上，看来可以教他更高级的英语语法和英语作文。

比较优势原理

到了拜访杉本老师的这一天，经太往包里放了一本叫作《面向高中的数学》（东京出版）的杂志。这本杂志受到喜爱数学的中学生的好评，经太以前也很爱读。

他打算用这本杂志复习初中数学，并辅导高中数学。荣一很感兴趣地翻着杂志，经太对他说："这个问题怎样解才更好，你试试看？"

"肯定比不过前辈啦。"荣一拒绝。

杉本老师在出门之前抽出了一点时间。

"看来你已经从理论上搞懂了李嘉图和马尔萨斯两人围绕谷物法的对立了吧。"

经太："是的。差不多懂了。"

杉本："李嘉图是古典派时代真正的天才。他不光主张谷物的自由进口，还思考出了为什么自由贸易对 A 国和 B 国是有益的这样的理论模型。这就是比较生产费用原理，因为相对比较简单，你看看这个表。"（参见表 6-1）

说完，杉本老师把《政治经济学及赋税原理》涉及外国贸易的那一章中的数字举例用图表形式写了出来。

表 6-1

商品	英国	葡萄牙
葡萄酒	120	80
毛料	100	90

假定生产要素只有劳动，没有国际的劳动流转。

且世界上只有英国和葡萄牙两国，生产葡萄酒和毛料两种商品。

图表中，生产 1 单位的各个商品需要多少劳动量（比如，一年需要几人劳动）用数字表示。

杉本："看了这个表，不管是葡萄酒还是毛料，葡萄牙生产它们所必需的劳动量都比英国要少。这个就表现出葡萄牙生产这两种商品有绝对的优势。但是，李嘉图着眼于比较生产费用，主张这种情况下也有贸易的好处。

比如，贸易之前，在英国，1 单位的毛料可以交换约 0.8 单位（100 / 120）的葡萄酒，如果和葡萄牙展开自由贸易的话，通过向葡萄牙出口毛料，在当地用 1 单位毛料交换葡萄酒的话，可以得到约 1.1（90 / 80）单位的葡萄酒。

同样的，贸易之前，在葡萄牙 1 单位的葡萄酒可以交换约 0.9 单位（80 / 90）的毛料，如果和英国展开自由贸易，向英国出口葡萄酒的话，可以用 1 单位的葡萄酒在当地交换 1.2 单位（120/100）的毛料。

简单地说，在英国，毛料对于葡萄酒的相对成本（被称作是相对生产费用）比在葡萄牙更便宜，相反，在葡萄牙，葡萄酒对于毛料的相对成本比在英国更低。

如果有了这种比较生产费用的差异，对于英国和葡萄牙来说就有自由贸易的好处。

这个被称为比较生产费用原理或者比较优势原理。"

经太："原来是这样啊。但是……"

突然有什么在经太脑中闪过。

在这个例子中，英国的情况被具体化为毛料这种轻工业商品，而葡萄牙被具体化为葡萄酒这种农产品。

这个难道不是悄悄决定了两国的命运吗？英国是工业国，葡萄牙是农业国。

在经过工业革命后，发展为世界工厂的英国的经济学家，在论述比较生产费用原理这种抽象原理时，是否暗藏了将英国作为工业国走在世界前头的国家利益正当化的意图。

经太："老师，不知道能不能这样理解，李嘉图的比较生产费用原理是将英国作为世界工厂的国家利益正当化，对吗？"

杉本："不能说不对。看那之后的世界史的发展趋势的话，在自由贸易的名义下发生了什么也很清楚。但是，在学习那些能在历史上留名的学者的理论的时候，重要的是首先要确认这个模型是否缺少逻辑上的一贯性，接着再去理解。然后，这个理论在历史上有什么含义、扮演什么作用等也需要研究。"

经太："明白了。在谷物法争论当中，李嘉图拥护产业资本家，以安全保障等理由举起国家利益旗帜，比起拥护谷物法所保护的地主阶级利益的马尔萨斯，看起来更进步、形象更好。但就是这样的李嘉图，在外国贸易论中，果然还是作为一个英国人出现的。今天谢谢您了。"

经太回家后，又回味了一下斯密的遗言。

——在自己身后的自由主义者们，即使看起来像是在谈论普遍理论，其理论背后也隐隐可见国家利益。

再次翻开世界史教科书，果然在自由贸易的名义下，英国和之后成为其殖民地的国家（比如印度）之间发生了严重的摩擦。

还有一点都忘了，东印度公司最终从贸易公司转变成了印度的统治机构。

这次要好好地做个备忘。

印度在世界上引以为豪的棉布生产在工业革命之后，也开始因英国产的机纺棉布和绵丝输入而遭受打击，在19世纪10年代末进出口被逆转。

结果就是，在19世纪前半期的印度转变成了向英国出口棉花和蓝靛等原材料，而大量进口工业制品这样的立场。

印度通过向中国出口鸦片和棉花，向东南亚和非洲出口棉制品，向英国出口初级产品等手段来应对这些贸易赤字，形成了多边贸易结构。

这种贸易结构和经济体制的变化，也是和因英国工业革命而壮大的产业资本所带来的自由贸易体制的转变有关联的变化。

其中，针对东印度公司特权的批判更加强烈，其垄断贸易在1813年的特权法案中被废除。

在接下来33年的特权法案中，剩下的茶叶贸易和中国贸易的独占权被废除，同时停止了其商业活动（第34年实施）。

就这样，在贸易中抽身的东印度公司，转变成了印度的统治者。①

---

① 日本高等学校教科书《详说世界史B》，山川出版社，2016年版，第289-290页。

第七章
从李嘉图到约翰·穆勒

现在的一切美好事物，无一不是创新的结果。

——约翰·斯图亚特·穆勒

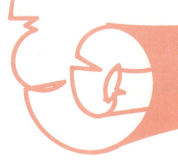

围绕萨伊市场定律的争论

高中数学刚开始是初中数学的延伸，从三角比这个知识点开始，很多学生对数学的好恶就越来越明显了。

对于学习成绩不错的荣一，经太打算在辅导初中知识时教他三角函数、微积分、向量、矩阵等，当然，也会注意不能过分灌输。

以前，岩波新书（青版）的名著《数学入门（上·下）》（1959—1960）的作者远山启（1909—1979）在晚年看到教学领域引入了偏差值[1]和同时备考等，于是出版了《超越竞争原理——激活每个学生的教育》（太郎次郎社，1976 年）来批判这种抹杀学生个性的教育。

经太也读了这些文章，反省了自己的教学方法，觉得在强行让荣一做疑难题目时应该非常谨慎。

但是，李嘉图和马尔萨斯的之间的关系问题就像持续的家庭作业一样。

---

[1] 编者注：偏差值是日本对于学生学习能力的一项计算公式值，是大学录取的重要参考，同时也引发了学生和社会舆论的不满。

两者见解对立，上一章的谷物法争论就是一个例证，实际上，还有一个例证，就是围绕萨伊市场定律的争论。萨伊市场定律，是指以法国的经济学者让·巴蒂斯特·萨依（Jean-Baptiste Say，1767—1832）的名字命名的定律。

根据此定律，在商品生产社会中，卖家同时也是买家（通俗地说就是为了购买物品必须把身边的物品卖掉的人），所以商品的供给后面肯定会有需求跟上来。

典型的就是物物交换，在这种情况下，物品的供给和需求是紧密地结合在一起的。即使引入了货币，如果只是作为交换手段使用的话，那就和物物交换本质上没有什么不同。在这里萨伊市场定律也成立。

但是，随着货币经济的发展，货币不再仅仅是交换手段，而是作为一种储藏手段被人们需要，那么物品的供给必须有需求跟上这种观点就有可能不成立。

实际上在古典经济学的时代，没有从这个视角思考钻研并提出严密理论的学者，所以在这里谈论这个问题太超前了。但是，可以说，李嘉图和马尔萨斯的时代已经接近萨伊市场定律并不成立的转换期。否则就不会对这个定律发生争论。

李嘉图在这场争论中，大体上认可萨伊市场定律，但是他也认为，生产部门之间的调整要花时间，所以就出现了部分过剩生产。但这个只是一时的，从长期来看，不会发生一般性的过剩生产。

针对这一点，马尔萨斯进行了反驳。

李嘉图似乎将萨伊市场定律视作一种公理，但根据经验，生产和消费之间的不平衡，并不是单纯一时的，而是持续很长时间的。和李嘉图、马尔萨斯同时代的法国经济学家西斯蒙第在李嘉图的《政治经济学及赋税原理》出版数年后，完成了题为《新经济学原理》（1819 年）的著作，在其中他论述了自己独特的恐慌论。

　　在这个意义上，马尔萨斯认为一般性的过剩生产是可能发生的。

　　那么，生产和消费之间产生不平衡时该怎么办呢？马尔萨斯主张，在那个时候正是地主阶级的非生产性消费起到了消除不平衡的作用。因此，充分保证地主阶级的所得，也就是地租，是弥补需求不足的重要源泉。

　　在这里马尔萨斯也是拥护地主阶级利益的。在进入 20 世纪后，他的见解由凯恩斯发展为新的有效需求理论模型。

　　正如之前简单介绍的那样，凯恩斯将货币具有储存价值手段的作用明确加入他的理论体系中，这一点稍后再讨论。

　　不过请记住凯恩斯高度评价了马尔萨斯的预见性。

　　假如不是李嘉图，而是马尔萨斯成为 19 世纪的经济学的根基的话，那今天的世界会是多么明智和富裕的社会啊。[1]

──────────

① J. M. 凯恩斯：《人物评传》（大野忠男译），东洋经济新报社（日本），1980 年版，第 136 页。

经太第一次理解了在李嘉图译者解说中出现的"马尔萨斯重视个别和经验的方法"到底是指什么。

为了防止理解错误，他向杉本老师发了一封电子邮件。

"基本上可以那样理解。但是也要注意到，大多数经济史学家认为凯恩斯对马尔萨斯赞誉过度。

李嘉图是古典派时代的天才，说到底李嘉图还是主流，这点别忘了哦。"

老师的回信这样说道。

经太向杉本老师学习经济学之后，在学习历史和数学的时候，也开始注意它们和经济学的关联。

特别是历史教科书本来已经学过了，但有时不知不觉将有些地方反复阅读，一直反省。

社会主义思想开始登场

李嘉图和马尔萨斯离世之后，资本家和劳动者的阶级对立更加尖锐，批判资本主义体制的各种社会主义思想开始登场。于是经太又翻开了教科书看看关于那个时代的记述。

工业革命时期的英国人口激增，国家整体财富增加，但劳动者的生活却很悲惨。

工场主欧文倡导改善劳动者的待遇，致力于设立工会和合作社，还试图建设共产主义社会，虽然最终失败了。

英国在1802年制定了《工厂法》，以限制低龄人员的劳动时间为开端，逐步改善劳动条件。

在法国，圣西门和傅立叶等人也试图建立保护工人阶级的新的社会秩序。

这些社会主义者主张应该把工场和土地等生产手段为社会共有，以消除资本主义的弊端，建设平等的社会。

路易·勃朗（Louis Blanc）主张国家管制生产，而蒲鲁东（Proudhon）否定所有的政治权威，信奉无政府主义。

此外，德国出身的马克思与其友人恩格斯合作，论述了"资本主义体制的没落是历史的必然"的经济学说，主张工人阶级获得政权并通过国际团结实现社会主义社会，对以后的社会主义运动产生了很大的影响。

其思想（马克思主义）被概括在1848年发表的《共产党宣言》中。①

---

① 日本高等学校教科书《详说世界史B》，山川出版社，2016年版，第260-261页。

看起来顺利发展的资本主义体制，在 19 世纪中叶也遭到受社会主义思想影响的人们的批判，但是关于李嘉图之后的经济学，经太打算再向杉本老师请教请教。

终于到了辅导荣一的时候。

经太在想，从现在开始要教三角函数了，"三角函数之类的东西没必要教"，有名人这样断言，并且引起了一些争论。

荣一不知道有这些争论，但经太在接受家庭教师这个工作之时，就决定了绝对不以有用或者没用这个标准来选择所教的内容。

而荣一只是单纯地想知道，有很强的求知欲，并不非得要关心这些区别。

如果放弃教那些在实际生活中没用的东西的话，那么和人生有着终极的深层次联系的哲学也就没有必要存在了，那教育本身就不能成立。

经太向杉本老师学习经济学也不是因为能"起什么作用"。本来弄懂那些内容，也不代表对经济学就通晓了。

只不过想知道，魁奈、斯密、李嘉图这些能在学术史上留名的伟大人物，对于经济社会的机制提出了什么样的理论。

当然，学到的东西也许有一天会有帮助。但现在无所谓。杉本老师正在书房里和别人会面，会面结束后就叫经太进去了。

杉本："看来把李嘉图和马尔萨斯之间的观点差异理解得不错呢。"

经太："托您的福，差不多能理解了。世界史教科书里说，在李嘉图之后批判资本主义体制的社会主义思想大量涌现，接下来应该学习它们吗？"

杉本："不对。在李嘉图之后学习约翰·斯图亚特·穆勒（1806—1873）比较好。"

穆勒的功利主义

穆勒与其说是英国的经济学家，不如说是 19 世纪伟大的文化人，在经济学史上，他被定位为最后的古典派。

穆勒热衷学习各种各样的社会主义思想，在此基础上，他认为，比起从资本主义一蹴而就地向社会主义转变，踏实消除资本主义的弊端更能保护个人的自由。

从这个意义上讲，他和打算通过革命打倒资本主义并建立社会主义体制的马克思以及马克思主义者形成了鲜明的对比。

经太："新伦理教科书里有穆勒，我记得是在功利主义那个部分。"

杉本："穆勒的功利主义可以先放一放。他在经济学上的主要著作是《经济学原理》（1848 年初版），不过，初学者突然读这本书的话，很难知道哪里重要吧。好消息是，穆勒针对自己思想形成的过程写了一部详细的《穆勒自传》（1873 年），你读读。

在这个基础上，可以读一下《经济学原理》中解释'生产定律和分配定律的严格区别'的这个部分。这里很好地展现了穆勒的特点，有必要仔细阅读。如果还有富裕时间的话，读一下他的《自由论》（1859 年），这本书不需要特别的专业知识。"

经太："明白。"

从岩波文库中马上就找到了一本《穆勒自传》，刚一开始读，经太就感到一阵寒意。真有耐力啊！

书中表述了穆勒的父亲詹姆士·穆勒对儿子实施的令人吃惊的早期教育，3 岁学希腊语，8 岁学拉丁语，12 岁学伦理学，13 岁开始学经济学。

但是穆勒在 1826 年陷入严重的抑郁状态，所以这里面还是有不对劲的地方吧。穆勒写道，自己接受的知识训练就是从小不管对什么都有分析的习惯，而在情感和想象力方面就要发育得慢一些。

穆勒从年少时开始就被灌输了父亲朋友杰里米·边沁（Jeremy Bentham）的功利主义，青年时成了论坛的一名评论人，在 1826 年秋天第一次经历了挫折。

读到这里，经太又想起道德伦理课中学到的东西，于是又拿出教科书①来。边沁的功利主义认为，快乐和苦痛可衡量，减少痛苦，增加快乐就能通往幸福。

　　经太记得"快乐计算"和"最大多数人的最大幸福"的说法。但对于接下来有关穆勒的内容就记不太清楚了。

　　　　虽然受到边沁的影响，但 J. S. 穆勒也拥有了不同的人类观。他主张，人类在自私地追求快乐的同时，也能够自己主动地承担痛苦。另外，快乐不单是身体和物质上的，也是内在的，精神上的。

　　　　"比起做满足的猪，宁愿做不满足的人；比起做满足的愚人，宁愿做不满足的苏格拉底。"功利主义表明，在快乐方面存在个人差异，重要的是追求什么。

　　　　人类追求的快乐当中有不能量化的部分，穆勒尊重不能计算的、品质更高的快乐。

　　　　承认快乐有品质上的差别，这就叫品质功利主义。

　　　　强调人类精神面的穆勒主张，即使是采用道德制裁也应是靠良心谴责的内在制裁。②

　　这样的态度，与其说是否定功利主义，不如说是一种修正。经太觉得这无疑是穆勒在经历精神危机并努力克服这种危

──────────────

① 《高中新伦理》（改订版），清水书院（日本），2016年版。

② 《高中新伦理》（改订版），清水书院（日本），2016年版，第111页。

机的过程中逐渐形成的。

穆勒的自由主义思想

穆勒是一位优秀的学习者，他不仅学习了英国的学问，也广泛学习了欧洲大陆的罗曼主义和法国的社会主义思想等，作为自己的成果，又将斯密、李嘉图以来各种相互对立的学说折中为一个平和的思想体系。

穆勒在《穆勒自传》中对圣西门学说的影响是这样描述的。

> 在我看来，他们对自由主义一般理论的批判蕴含着重要的真理；我看清楚旧的政治经济学中十分有限又短暂的价值，部分也是由于他们的作品；旧的政治经济学把私有财产和遗产视为不能取消的事实，把生产自由和交换自由视为社会改良的最好办法。[1]

果然杉本老师的建议是对的。在《穆勒自传》中，所见之处皆有可以用来理解穆勒经济学的提示。

---

[1]　J. S. 穆勒：《穆勒自传》（朱牟田夏雄译），岩波书店（日本），1960 年版，第 148-149 页。

编者注：参考《约翰·穆勒自传》（郑晓岚等译），华夏出版社，2007 年版，第 122 页。

斯密像预见未来一样发现了资本主义。随着产业革命的进行而成为世界工厂的英国，引领下一个时代经济学的李嘉图认为资本主义是商业完全自由的制度，如果没有外在干预的影响，资本主义就会自然地、永恒地发展下去。然而到了穆勒的时代，资本家和劳动者的对立逐渐加剧，资本主义体制将永远持续下去的观点开始受到质疑。

一言以蔽之，穆勒就是转换期的经济学家。作为经济学家，他的主要著作是《经济学原理》，在 1848 年初版。1848年也是马克思和恩格斯发表《共产党宣言》的年份。

这其中有机缘巧合的成分，但让人不得不预见到资本主义体制正在走向一个微妙的时代。

杉本老师指出，穆勒持有"严格区分生产定律和分配定律"这二者的观点，在《穆勒自传》中，也将此观点作为李嘉图之前的经济学所没有的新观点进行了介绍。

> 这种论调主要在于恰当地区分了"财富生产"的规律和"财富分配"的方式，前者是真正的自然规律，取决于物的属性；后者受制于一定的条件，取决于人的意志。
>
> 一般政治经济学家都把它们称为经济规律，把这两者混为一谈，他们认为这些规律是人为努力所不能推翻或修改的；他们把同样的必然性也归咎于那些依赖于我们地球存在的不可改变条件的物和那

些仅仅与这些物共存、却实际是特殊社会制度必然结果的物的分配。

在一定的制度和习俗下，工资、利润和租金是由一定的因素决定的；但是这些政治经济学家都不提这个必不可少的前提条件，却论证说这些因素由人力不可抗拒的内在必然性决定，在产品分配中它们必然决定了劳动者、资本家和地主之间的份额。

我的《政治经济学原理》不屈从于前人的任何见解，意在科学地评价这些因素的作用；但是它要树立不把这些条件视为最后条件的典范。经济的一般性结论不是依据自然的必然性，而是依据自然必然性与社会现存制度的结合，《政治经济学原理》只是把这些一般性结论视为暂时性的，将随着社会的进步而得到很大的改变。①

更进一步说，分配定律不同于生产定律，只要"一定的制度和习惯"发生改变，它就能改变。由此，穆勒主张，可以通过政策来改善资本主义体制中现存的分配不平等现象。

---

① J. S. 穆勒：《穆勒自传》（朱牟田夏雄译），岩波书店（日本），1960年版，第214页。

编者注：参考《约翰·穆勒自传》（郑晓岚等译），华夏出版社，2007年版，第181-182页。

这样的话，即使资本主义体制没有一蹴而就地变为社会主义，也可以采取通过逐渐消除资本主义的弊端来取得进步的路线。

杉本老师称穆勒为最后的古典派。不采用革命那种过激的手段，而是渐进地改革资本主义的弊端，从而缓和劳资对立，向自由社会的理想靠拢。这种思考方式是否也符合英国人喜欢的中庸的气质呢？

经太把上面的内容总结后通过电子邮件发给了杉本老师，过了一会儿就收到了回信："如果能理解到这个地方的话，那就再读一读《政治经济学原理》中对资本主义和社会主义进行体制比较的地方吧。"

把这个当成家庭作业吧，今晚的学习到此为止。

穆勒与经太有关恒定状态的对话

经太来到一个到处都是中世纪建筑的地方。

看起来明显不像是英国的城市。

街上的行人说着像是法语的语言。

但也不像是在巴黎。

也没看到塞纳河和巴黎圣母院。

看来还是要找找写有地名的牌子之类的。

终于写有"Avignon"字样的牌子出现在眼前。

　　那么，这里就是法国南部城市阿维尼翁了。

　　再一次"犯规"从平板电脑上查到了阿维尼翁的旅行指南，上面介绍这座城市是保存了中世纪哥特建筑的世界文化遗产。

　　但为什么会在这里呢？

　　昨晚认真地读了《穆勒自传》。

　　对了。

　　晚年的穆勒生活在阿维尼翁，一直到生命的最后一刻。

　　如果他因病卧床，不太方便去找他，在合适的时候哪怕去看一眼也行吧。

　　1858 年，穆勒在欧洲旅行时夫人哈里特·泰勒（Harriet Taylor）因病去世，之后他在夫人与前夫所生的女儿海伦的帮助下度过余生。

　　幸运的是，经太托海伦的熟人相告，仅仅 5 分钟就见到了穆勒本人。

　　穆勒脸色说不上好，但思维清晰，还有一些可以做一番事业的气魄。

　　经太："很荣幸能见到您。今天来是有一件事想请教。"

　　穆勒："你手上拿着的像是我的拙作《政治经济学原理》，你想问的和这本书有关吧？"

　　经太："是的。看了您提出的'生产定律和分配定律之间的

严格区别'和用政策改变分配不平等的可能性，我很受触动。

　　这是李嘉图经济学里没有的观点。您从您父亲从小灌输的李嘉图式的思维中走出来没有困难吗？"

　　穆勒："相当有啦。李嘉图是天才，而我不是。所以我比谁都保持着特殊的嗅觉，来吸收别人意见中好的部分。

　　认为资本主义体制不是像李嘉图说的那样自然和永恒，而是随着历史的发展而进化，这种观点受圣西门派的影响很大。而我认为，除此之外，对于李嘉图一直想方设法避免的'恒定状态'，只要改变看法的话，将其作为从物质进步上升为精神进步的良机就好了。我对此持积极评价。

　　但是这种观点目前仍然是异端。"

　　经太："我觉得'恒定状态'是利润为零，所以一般资本家不欢迎的那种状态。而您对此积极地评价，是因为对产业资本家除了追求利润以外的作用抱有期待吗？"

　　穆勒："啊。你说得很好。'幸福是什么'不是单纯的经济问题。我认为，不仅要追求自己的利益，也应该奉献他人和社会。如果人类具备这样的态度的话，那就是真的幸福了。"

　　经太："能得到您的宝贵提示，我由衷表示深深的感谢。"

穆勒："你保重。"

经太对穆勒非常礼貌的谈吐感到吃惊，觉得一会儿有必要再确认一下有关"恒定状态"的"异端"这样的评价。

但遗憾的是不久后，穆勒于 1873 年 5 月 8 日在阿维尼翁因丹毒 [1] 而死。

穆勒：为了人类的幸福

像杉本老师说的那样，穆勒不单纯是经济学家，也是一位散发伟大理性光辉的文化人。

当然，因为是在梦中得到的印象，所以不一定准确。

然而所谓"文化人"，也许是指不凌驾于他人之上，而是拥有包容他人的气度的人。

"恒定状态"在李嘉图经济学中是指，随着资本积累的进行，劣等土地的耕作就越来越有必要，在经过"谷物价格上涨→地租增加、自然报酬上涨→利润率降低"这样一个过程后，最终利润（＝[生产总额－地租]－报酬总额）变成零的这样一个状态。

李嘉图站在产业资本家的立场，为了避免"恒定状态"，

---

① 编者注：丹毒是一种急性非化脓性炎症性皮肤病。

所以提议自由进口外国低价谷物。(这样做的话，谷物价格下降，由生存费用决定的自然报酬降低，零利润得到避免。)

但是穆勒甚至谈到，进入"恒定状态"的话，不光物质进步，精神进步也能受到重视，这其中大有可取之处。

更不用说资本和人口的恒定状态绝不意味着人类发展停滞。

即使是在恒定状态下，所有种类的精神文化，以及道德和社会的进步也和以前一样有充分的余地，这一点是不会变的。

另外，"生活方式"的改善余地也不会变，甚至不如说其改善的可能性在人类不醉心于成功学时能变得更大。

就连产业技术也和以前一样，被积极地且成功地开发。唯一的不同的是，产业上的改善能带来节约劳动的有效效果，而不是仅仅出于增加财富的目的。

故此，对于资本和财富的停滞状态，旧学派的经济学家们普遍都表现出由衷的厌恶感，而我却无法像他们那样对这种恒定状态持反感情绪。我倒更愿意相信，恒定状态在整体上会显著地改善我们现在的状态。

坦白说，在那些认为人类的正常状态就是为了成功而艰苦奋斗的人所坚持的这种人生理想上，我没有感受到任何魅力。

也就是说，互相之间的踩踏、挤兑形成了现在社会生活的典型，但这不能被认为是人类最好的命运，也不能否认它是产业进步中某个阶段的不愉快征兆。①

经太所学的资本主义，就是"资本"起主导作用的经济体制。从斯密到李嘉图的经济学的确是那样。

但到了穆勒这里，才遇到了说要超越资本的利润追求目的、以献身他人和社会来取得"幸福"、在恒定状态下才能打开人类精神进步的道路等的经济学家。

当然，穆勒除了经济学以外，还活跃在代议政治论、功利主义论、自由论、女性解放论等各种领域，所以经太不明白他是如何始终如一地主张这种观点的。

不过经太能在 19 世纪中叶的英国遇到这样的理性已经大为感动。

他照例给杉本老师发了自己学到的东西，几个小时后，有了少见的长篇回信。

经太，我一直都很佩服你一心向学的态度。穆

---

① 穆勒的《政治经济学原理》的英文原著已经被纳入公有领域，可在网上阅读。地址为：https://oll.libertyfund.org/titles/mill-the-collected-works-of-john-stuart-mill-volume-iii-principles-of-political-economy-part-ii

勒虽然是伟大的文化人，但对自己的工作谨言慎行，所以他可能因此被后世低估。

在我还是学生时，穆勒被马克思和马克思主义者贬为资产阶级经济学家，所以他不怎么受欢迎。

但是，柏林墙倒塌后，马克思经济学的热度下降，我想我们终于可以在更广阔的视野下进行研究，而不是在一味比较穆勒和马克思的环境中。穆勒尊敬社会主义者。他自己也承认，有一段时间过度向社会主义倾斜。

但是，他拥有优良的平衡感，随着时间的推移，他开始用批判的眼光来看待事物，比如在社会主义下个人的自由是否被尊重，国家是否会强制要求整齐划一等。

于是他得出的结论是，比起打倒资本主义体制一举迈向社会主义（这是马克思和恩格斯的主张），不如逐步消除资本主义弊端，同时追求更高的理想（比如能兼顾效率与公平的经济体制），这样才能保证个人的自由与个性。

你或者已经掌握了穆勒的这些特点，接下来学习马克思的话，在和穆勒比较的时候能很好地明白穆勒这种中庸的美德。

收到回信后，经太再次打开了《政治经济学原理》。穆勒非常慎重于将自己时代的思考方式原封不动地应用到将来，他主张通过教育来提高将来的理性。从这点来看，他重新给人一种诚实的思想家的良好印象。

下面的话非常含蓄，于是经太写进了备忘。

我的观点如下。

社会改良的大目的，是通过教育人类来实现个人的最大自由，以及现在的财产法规没能体现出来的公正分配劳动成果的社会形态。在实现这种精神和道德状态后，某种形式的个人财产（不过和现在的形式相差很远）和生产资料的共享以及调整后的产品分配中，哪一个能给获得幸福带来最有利的环境，最大限度地完成人性，应交予该时代的国民决定。这么说或许安全一些。因为现在的人们没有权限做出这些决定。

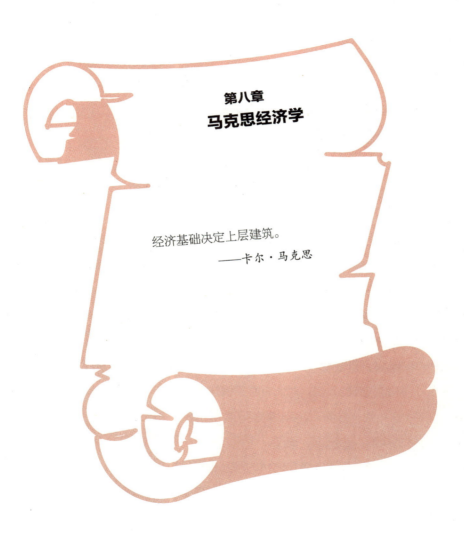

第八章
马克思经济学

经济基础决定上层建筑。

——卡尔·马克思

探究马克思经济学的学问

2018 年是卡尔·马克思（1818—1883）诞辰 200 年。

即便平时没有关注马克思，但因新闻网站的文化板块报道了相关消息，所以经太也看了。

在柏林墙倒塌之后，世界对马克思主义经济学的批判越来越多。抛开经济学不谈，马克思作为有广阔视野的思想家，对他的研究并没有就此绝迹。

然而，经太读到的有趣的部分是，中国向马克思的出生地特里尔市赠送了 5.5 米高的马克思雕像作为友好的证明，但当地人对此似乎并非清一色的欢迎态度。经历了前东德共产主义压抑人权的人们，对此有着不愉快的感受。

另一方面，2018 年在日本也上映了名为《青年马克思》的电影。由法国、德国、比利时合拍，导演为拉乌尔·佩克。

该片聚焦于青年时代的马克思和恩格斯，虽然在经济学上不是革命性的内容，鉴于不知道马克思和恩格斯的年轻人越来越多，该片或许起到了相应的启蒙效果。

经太边思考，边来到了杉本老师的住所。

荣一正在玩智能手机，看到经太来了，就停了下来。

经太："话说荣一你听过马克思吗？"

荣一："前辈，不能小看初中生哦。马克思在历史教科书里都有的。"

经太："嗯？可以给我看看吗？"

经太翻开了荣一的初中历史教科书。本以为只是一笔带过，没想到里面的内容非常详实。

> 资本家为了多赚取一点利润，就会以低报酬雇佣劳动者，使其长时间劳动。改良后的机器即使技术不熟练的人也能操作，所以女性和儿童被雇佣。另外，在城市建立工场，导致人口集中，生活环境恶化。
>
> 在这个过程中，劳动者为了维持自己的生活、维护自身权利成立了工会，进而马克思等人提出了以劳动者为中心争取平等社会的社会主义思想。①

---

① 《社会学·历史（初中版）》，帝国书院（日本），2015年版，第143页。

除了以上记述以外，书中关于马克思还有题为《资本主义问题的钻研者》的脚注说明如下。

　　19世纪中叶，德国的马克思主张社会主义，认为劳动者贫困的原因在于资本家对工场和土地的私有，为消除贫困，应建立没有资本家和地主的社会，实现工场和土地的共有。他为劳动者奉献了一生，他的思想影响了全世界。①

这样问荣一有失礼貌，经太反省着，也许就像成人会忘掉高中教科书中的内容一样，自己也会忘记在初中学到过的知识。

但是，把马克思经济学作为学问学习的时候，还是要请教杉本老师比较好。

杉本老师正在读自己写的稿子的校样，经太就暂且坐在老师书房打量藏书。

这里齐聚了伟大经济学家全集的原版：《魁奈全集》《李嘉图全集》《穆勒全集》以及《凯恩斯全集》。

经太想，只读这些看起来就要花不少时间。这时杉本老师的声音传来。

---

　　① 《社会学·历史（初中版）》，帝国书院（日本），2015年版，第143页。

杉本："穆勒的后面就是马克思了呢。在我学生时代时马克思经济学有压倒性的人气。在发达国家阅读马克思和恩格斯主义著作的热情程度，估计都赶不上日本吧。

不过你也知道，在柏林墙倒塌后，马克思经济学威信扫地，但在 2018 年马克思诞辰 200 年之际报纸和杂志又刊登了大量的马克思特辑。好几次像不死鸟一样复活，或许侧面证明了他是一位伟大的思想家。"

经太："老师，我虽然还不知道马克思的伟大之处，但我觉得在高中新伦理课中学到的马克思的异化论很有意思。"

杉本："高中在教马克思的异化论啊？"

经太："在新伦理的课上，选了日本史和世界史作为考试科目的同学几乎都在打瞌睡，而我是因为喜欢思想和哲学，所以听得很有趣。"

杉本："哪点有趣呢？"

经太："我先根据记忆回答，如果有错误请老师指出来。

马克思认为，人类是在和他人的联系中生存的类存在物，在资本主义体制下由于私有制原理的支配，类存在被否定，人类异化产生。"

杉本："理解得相当准确。你现在说的是马克思早期的著作《1844 年经济学哲学手稿》（首稿于 1844 年动笔）中的内容。

这本书最近由哲学家长谷川宏翻译，由光文社古典新译文库出版，有空的话看看。

马克思经济学的巅峰是《资本论》，在他生前刊行的只有第一卷（1867 年），第二卷（1885 年）和第三卷（1894 年）在马克思去世后由其好友恩格斯编纂出版，这点需要注意。

我觉得在入门阶段看看第一卷的大概内容就足够了。但是我不推荐你突然开始读《资本论》。

可以先学刚才说的《1844 年经济学哲学手稿》的异化论以及马克思和恩格斯在《共产党宣言》中所表述的阶级斗争论和唯物史观。至于《资本论》在进入大学后慢慢读就行。还有资本'榨取'劳动的基本公式，了解一下也可以。"

经太："明白了。我觉得我本来也没有通读《资本论》全三卷的能力。我会听从您的建议，专心做好读《资本论》之前的准备。"

《1844 年经济学哲学手稿》的异化论

经太在回家的途中去了一趟书店，买了杉本老师推荐的《1844 年经济学哲学手稿》。

原本以为马克思的文章晦涩难懂，但是长谷川宏翻译得的确很好，里面没有什么不明白的地方。

长谷川宏先生曾在东京大学的哲学专业博士课程中深造，有段时间还参加了始于 1968 年的全共斗运动。不久后，他以市井哲学家而不是大学教授的身份专心写作，经营私塾。

说起来，马克思也是市井哲学家，所以不能以是否在象牙塔内来评价学术的。

马克思早期的异化论，在高中的新伦理课中也有出现，说明并不是很难的内容。

到目前为止经太已经研究了斯密、李嘉图、穆勒，所以读到像下面这种马克思的文章也没有感到惊讶。

　　国民经济学从私有财产的事实出发。它没有给我们说明这个事实。它把私有财产在现实中所经历的物质过程，放进一般的、抽象的公式，然后把这些公式当做规律。它不理解这些规律，就是说，它没有指明这些规律是怎样从私有财产的本质中产生出来的。国民经济学没有向我们说明劳动和资本分离以及资本和土地分离的原因。例如，当它确定工资和资本利润之间的关系时，它把资本家的利益当做最终原因；就是说，它把应当加以阐明的东西当做前提。同样，竞争到处出现，对此它则用外部情况来说明。至于这种似乎偶然的外部情况在多大程度上仅仅是一种必然的发展过程的表现，国民经济学根本没有向我们讲明。我们已经看到，交换本身在它看来是偶然的事实。贪欲以及贪欲者之间的战争即竞争，是国民经济学家所推动的仅有的车轮。①

国民经济学是德国的说法，可以替换成古典经济学。

始于斯密的古典经济学，认识到劳动是财富的本质，克服了像贵金属一样存在于人类之外的重商主义的谬误。马克思对此有积极的评价。

但是马克思所不满的是，古典经济学只能在私有财产这个框架内思考事物。

一切财富都成了工业的财富，成了劳动的财富，而工业是完成了的劳动，正像工厂制度是工业的即劳动的发达的本质，而工业资本是私有财产的完成了的客观形势一样。②

经太回想了一下在高中新伦理课中学的内容。

根据马克思的观点，人类是在和他人的联系中生存的"类

---

①② 卡尔·马克思：《经济学哲学手稿》（长谷川宏译），光文社（日本），2010年版，第89-90、139页。

编者注：参考《1844年经济学哲学手稿》（中共中央马克思恩格斯列宁斯大林著作编译局编译），人民出版社，2018年版，第46、74页。

存在物"。人类的劳动原本应该伴随着想象的喜悦，但在私有制原理支配的社会中，产生了各种意义上的异化。

例如，劳动者生产的产品不能据为己有（和劳动产品的异化）。

劳动力也被商品化，被强制付出并非自发性的劳动（和劳动的异化）。

异化层层积累，就会导致人与人之间的异化。

经太在读经济学的古典著作时，发现只要抓住那些伟大学者的文章和语调的节奏后就容易阅读了。

马克思和斯密相比有些难懂，但在异化这个词汇反复出现的过程中掌握了它的节奏。

最终可以得出所有的异化都是私有制原理产物的结论，只要私有制没有被废除，问题就不能从根本上解决。

　　私有制使我们变得如此愚蠢而片面，以致一个对象，只有当它为我们所拥有的时候，就是说，当它对我们来说作为资本而存在，或者它被我们直接占有，被我们吃、喝、穿、住等等的时候，简言之，在它被我们使用的时候，才是我们的。尽管私有制本身也把占有的这一切直接实现仅仅看做生活手段，而它们作为手段为之服务的那种生活，是私有制的生活——劳动和资本化。

　　因此，一切肉体的和精神的感觉都被这一切感觉的单纯异化即拥有的感觉所代替。人的本质只能

被归结为这种绝对的贫困，这样它才能够从自身产
生出它的内在丰富性。①

生产关系和剩余价值

学习早期异化论的同时，唯物史观这种思考方式也是杉本
老师指示要学的。

马克思从黑格尔的研究出发，批判了黑格尔把世界当作精
神的自我运动，他更赞同人的物质生活才是推动世界的动力。

马克思把生产中人与人的关系叫作生产关系。

当然，在资本主义社会中表现为资本家和劳动者的关系。

生产关系和生产力结合起来进行生产，生产力总是有扩大
的倾向，与此同时生产关系却很难与之步调一致地变化。

因此，在某个阶段，生产力和生产关系产生矛盾，激化后
发展为阶级斗争。

马克思和恩格斯的《共产党宣言》（1848 年）以政治小册
子的形式鲜明地提出了这种唯物史观。

布尔乔亚（资产阶级）和无产者（劳动者阶级）这样的词

① 卡尔·马克思：《经济学·哲学手稿》（长谷川宏译），光文社
（日本），2010 年版，第 152-153 页。

编者注：参考《1844 年经济学哲学手稿》（中共中央马克思恩格斯列
宁斯大林著作编译局编译），人民出版社，2018 年版，第 82 页。

汇频繁出现。"至今一切社会的历史都是阶级斗争的历史。"①
这样有名的句子出现了好几处。

经太在阅读《共产党宣言》时,明白了马克思的结论性方向是废除私有制和通过革命建立无产阶级政权,但也绝不能对资产阶级破坏了封建社会的一切桎梏,实现了巨大的生产力这一成功事实视而不见。

但是,资本主义社会生产力的进一步扩大,会与资本家和劳动者的生产关系发生矛盾,最终将其破坏。

> 资产阶级生存和统治的根本条件,是财富在私人手里的积累,是资本的形成和增殖;资本的条件是雇佣劳动。雇佣劳动完全是建立在工人的自相竞争之上的。资产阶级无意中造成而又无力抵抗的工业进步,使工人通过结社而达到的革命联合代替了他们由于竞争而造成的分散状态。于是,随着大工业的发展,资产阶级赖以生产和占有产品的基础本身也就从它的脚下被挖掉了。它首先生产的是它自身的掘墓人。资产阶级的灭亡和无产阶级的胜利是同样不可避免的。②

①② 马克思、恩格斯:《共产党宣言》(大内兵卫、向坂逸郎译),岩波书店(日本),2007年版,第40、60-61页。

编者注:参考《共产党宣言》,共产党员网,http://news.12371.cn/2018/04/24/ARTI1524553638408468.shtml

《1844年经济学哲学手稿》和《共产党宣言》都不是多么大型的著作，所以经太也读懂了。他姑且先把读书报告发给了杉本老师。

隔了一天，杉本老师发来一封稍长的回信。

或许这份读书指南没有满足你对马克思的关注，但是《1844年经济学哲学手稿》的异化论和《共产党宣言》的唯物史观是马克思主义的基本内容，所以请好好把握。

《资本论》中有前几天说过的资本剥削劳动，简单来说，马克思把劳动力也视为商品，所以和其他商品一样，劳动力的价值是由再生产它所需要的劳动时间决定的。现在这个时间是8小时，叫作必要劳动时间。

但是，资本家虽然按其价值购买劳动力这种商品，但是可以自由地处置它，所以通常让劳动者劳动8小时以上，比如12小时。超过8小时的4小时就是剩余劳动时间。

资本家通过向劳动者榨取剩余劳动时间获得剩余价值。这就是"资本剥削劳动"。

在现阶段，《资本论》差不多了解到这里就好，先抓住经济学的脉络和潮流回过头再来挑战它。

但是学到这里，你应该也理解了穆勒的中庸路线和马克思的革命路线之间的不同了吧。

经太也确实听从了杉本老师的建议。

只是在做调查研究时，有一条马克思的资本总公式 $G-W-G'$（G 是货币，W 是商品，G' 指更多的货币）既简洁又突出了本质，很容易理解。

总之，在资本主义社会中，占有生产资料的资本家的目的就是让作为资本的货币增值，但经太的直观感受是这条公式也适用于现代资本主义。

如果作为资本的货币增值失败，那该资本家最终就会被淘汰。

即便如此，那为什么日本在战前就被马克思吸引呢？

带着这个疑问查找了一番，终于找到了《贫乏物语》（1917年）的作者，京都帝国大学教授河上肇（1879—1946）这里。

在现在，河上肇虽然作为马克思经济学家名声在外，但在写《贫乏物语》时，他还没有完全成为马克思主义者，只能说站在进步知识分子的立场上。

这也是岩波文库的小型书，看起来很快就能读完。

今晚的学习就到此为止。

河上肇的《贫乏物语》

来到一所气派的红砖结构的大学里的大教室。

似乎是战前的帝国大学。

经太用平板电脑查了一下周围，有吉田神社和知恩寺等，所以直觉告诉他这一定是京都帝国大学。

在讲台上，河上肇博士正在讲授经济学。

看着旁边的学生，他翻开了一本名为《资本主义经济学的历史发展》的专业书籍，也许这就是讲义内容了。

虽然经太知道其中的概念，但讲课的内容他一半都听不懂。

由于河上肇博士讲课非常有热情，所以学生们听课也非常积极。即使下课了，不少学生也接二连三地提问。

经太正想着要回去，看到学生们终于散了，于是打算和河上肇博士谈谈。

经太："河上肇博士，有一件事情想请教您。"

河上肇："什么事？"

经太："我读了您的《贫乏物语》。您认为贫困问题是现代经济制度的必然产物，以英国为例子具体介绍了扶贫政策（自由党政治家劳埃德·乔治的社会政策），在书中的结论部分，您提出消除贫困最好的办法就是取消富人的奢侈生活。理由是什么呢？"

博士一时出现吃惊的神情，随即镇静下来，说出了以下的话。

河上肇："你提的问题很尖锐呢。的确，《贫乏物语》从马克思经济学的眼光看，是一部不彻底的作品。

事实上，我的弟子栉田民藏也严厉地批判了它的不彻底性。从那之后，我重新读了马克思的著作，写了《资本主义经济学的历史发展》，虽然不能说很完善。

这本书也被栉田批评，说是对唯物史观的理解不够。于是我正在进行更深入的研究，构思下一本书的写作。"（后来被命名为《经济学大纲》，在 1928 年刊行。）

经太："我对马克思主义思想和理论的理解还不充分，也许会偏离中心，但是我认为目前的贫困问题可以说是最大的经济问题，《贫乏物语》的重大意义在于能引起社会对这些问题的关心。所以才冒昧地向您提问。"

河上肇："嗯。你能这么说，我表示感谢。但是，马克思是伟大的思想家，所以难以简单地论述。我离完成最终的解释还有几年时间，暂时等等吧。"

经太："明白。百忙之中打搅您，非常感谢。"

第二天早上醒来的经太翻开了《贫乏物语》。

的确，里面写了一些作为马克思主义者不会说的话。在此引用若干。

人塑造环境，环境也塑造人。

如果问谁是本谁是末，那么人是本，环境是末。

所以，要解决社会问题，只改造经济组织，从事物的本质上来说，并不是根本对策。

奢侈问题，用政治制度的力量，在一定程度上也能解决。但是，如果在全体国民中没有这种气氛，那么来自外部的强制力自然就有一定的局限，这一点只需回顾德川时代的禁奢令的效果就可以看出来。因此，比起诉诸制度的力量，应该先诉诸个人的自制。

这个故事到现在持续讲了几十次，就是想向世间的富人呼吁尽可能地自制，其实这也是作者的初衷之一。贫乏物语，与其让穷人读，实际上更想让有钱人读。①

读了一些关于河上肇的评论，发现他是长期在主张组织改造的社会主义经济学和主张人心改造的人道主义经济学之间纠结。在他晚年写的东西当中也能看到后者的残余。

对于经太来说，虽然没有详细了解，但觉得国家有这样诚实的学者是一件自豪的事情。

————————
① 河上肇：《贫乏物语》（大内兵卫解说），岩波书店（日本），1965 年版，第 120、137 页。

托马斯·皮克迪的《21 世纪资本论》

趁着有空，经太去了书店。

在逛经济学类的时候，发现了一本大部头《21 世纪资本论》（山形浩生译，水箬书房，2014 年），从题目来看像是马克思主义政治经济学。作者是法国经济学家、巴黎经济学校教授托马斯·皮克迪（Thomas Piketty）。这是一本沉甸甸的书。

这时，从后面传来杉本老师的声音。

杉本："这不是经太嘛。又对大部头感兴趣了吗？"

经太："没有啊，只是随便看看，这本是马克思主义政治经济学书籍吗？"

杉本："完全不是。题目看起来像，但内容是用几个世纪的统计资料对财富不平等进行的实证研究。"

经太："是吗。这标题容易混淆啊。"

杉本："对。去那边喝杯咖啡吗？"

经太答了一声"好"，和老师一起走进饮品店里。

皮克迪的书虽然是大部头，但在几年前已经成了世界畅销书。标题确实让人联想到马克思主义政治经济学，但是内容是通过标准的经济分析方法，实证地阐明了几个世纪财富差异的实况。

日本的电视节目也播出了关于他的特辑。

经太："皮克迪这位经济学家的专业是什么呢？"

杉本："他一直研究所得分配，可以说专业是研究差异问题。他调查以前的征税记录，比如在他的祖国——法国，找到了可以追溯到 18 世纪后半期的财富数据，并在此基础上加入自己的推论，从而明确了差异的推移。虽然这样的工作让人头晕，但他执着于此。"

经太："可以从中得出什么？"

杉本："用一句话说，在欧美确实有过加强累进税制和继承税，暂时缩小了贫富差距的时期，

但正如欧洲有'美好年代'（Belle Poque，指 19 世纪末到第一次世界大战爆发之间的时期，其中巴黎取得了最辉煌的繁荣），美国有'镀金时代'（Gilded Age，该词是揶揄南北战争结束后的 19 世纪 60 到 70 年代中以美国经济快速发展为背景的金钱崇拜风潮）。

资产不平等普遍导致了贫富差距，即使在现代，从 20 世

纪 70 年代后半期开始，也多次对大企业和富裕阶层减税，导致贫富差距问题再次变得严重。"

经太："这算是新发现吗？"

杉本："经太，人们觉得是这样和在学术上证实是这样，这两者是不同的。我认为，即使对皮克迪处理统计资料的方法存在批评，他也对经济学做出了重要的贡献。"

经太："明白了。"

杉本："不过，《21 世纪资本论》这个题目的确容易招来误解。资本不光是物质资本，土地、不动产、金融资产也包含在其中。这样更混乱了。但是我认为，为了纠正过大的贫富差距，全球性的富裕税是一个值得讨论的政策建言。"

经太："都谈到这种问题了吗？格局有些大，我还需要继续学习。进了大学之后我打算慢慢地研读。"

杉本："嗯，那样也好。学了马克思，接下来要学学马歇尔和凯恩斯吧。你的话没问题的。我也会力所能及地帮帮忙。"

经太："谢谢您。拜托了。"

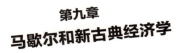

第九章
马歇尔和新古典经济学

语言表达我们的思想，货币表
达我们的欲望和财产。

——阿尔弗雷德·马歇尔

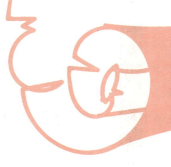

数学专业出身的经济学家马歇尔

杉本老师让接着学习阿尔弗雷德·马歇尔（Alfred Marshall，1842—1924），马歇尔这个名字并没有出现在高中教科书中。

经太几天前去书店的时候查了一下经济学辞典，发现马歇尔是剑桥大学的教授，而且是著名的经济学家凯恩斯的老师，看来他是一位伟大的经济学家。

从生卒年来看，他一生大部分的时间是在英国的维多利亚时代（1837—1901）度过。

经太把世界史的教科书拿出来，重新读了关于那个时代的内容。

经过工业革命，19世纪中叶的英国成为"世界工厂"站在繁荣的巅峰。

在维多利亚女王统治下的1851年，超过600万人入场的伦敦万国博览会开幕，向国内外展示英国的近代工业成果。

人们生活的富足催生了政治的安定，在19世纪60年代，自由党和保守党两大党派依据大选结果交替执政，形成了典型的议会政党政治。

这个时期，在保守党人士迪斯雷利（Disraeli）和自由党人士格莱斯顿（Gladstone）的推动下，一些重大改革陆续实现。

首先是在1867年的第二次选举法的修订使劳动者中相当多的人获得选举权，接着在1884年第三次选举法的修订使农业劳动者获得了选举权，民主化持续推进。

1870年的教育法使初等教育体系开始得到官方筹划，而1871年的工会法则承认了工会的法律地位。[1]

不过，虽然接下来出现了爱尔兰自治问题和大英帝国体系下的殖民地问题等内容，但总的来说，这个时代的英国处在繁荣发展的时期。

荣一的学习也挺顺利，从三角函数学到指数函数了。

指数定律是高中数学的基本内容，在后面的微积分学习中还会涉及，必须要好好地教他。

荣一："前辈，大学考试时的理科和文科的说法是从什么

---

[1] 日本高等学校教科书《详说世界史B》，山川出版社，2016年版，第264-265页。

时候开始的？"

经太："这个不太清楚。初中确实没有这个，在考试之前的高中阶段才开始分。"

荣一："我好像听说基本上是以数学好不好来看适不适合理科。爸爸虽然是被分类到了文科的经济学部的教授，但并不同意这个。他说现代经济学会用到很难的数学，不懂数学的话进入经济学部会很辛苦。"

经太："的确是像老师说的这样。用到数学的社会科学越来越多，所以文科和理科上的课不一样也挺奇怪。

所以，荣一你以后就算要去文科，也要学到数学III啊。"

荣一："我不讨厌数学，所以有那个打算。"

观察书店里的经济学书籍，确实出现了很多微积分、矩阵向量、统计学等内容，如果是专业研究的话，肯定会用到更难的数学。

经太打算在这个时候请教一下杉本老师关于"经济学中的数学"方面的内容。

杉本老师像往常一样在书房里工作，看见经太来了，赶紧叫了进去。

经太："老师，学经济学的话，要把数学学到什么程度比较好呢？"

杉本："呵，想起这个问题来了。你已经学到高中的数学Ⅲ了，我觉得用来学入门阶段的经济学完全没有问题。

不过你一心向学，等下我借给你学习经济学所需的数学入门书。现代经济学的顶端使用了非常高深的数学，我觉得这个可以暂时不考虑。"

经太："顺便问一下，从经济学辞典上看，马歇尔好像是剑桥大学的数学专业出来的，那他怎么成为经济学家的呢？"

杉本："是这样的。马歇尔开始是一名优秀的数学家，但对社会问题非常关心，是在学习伦理学和心理学后，最终来到经济学的世界。

他在朋友的推荐下读了穆勒之后，访问了几个城市的贫民窟，接触到了隐藏在维多利亚时代繁荣背后的真实贫困，心理大受冲击。以此为契机转向了经济学。这些是他的弟子凯恩斯在《人物评传》中写的内容。顺便说一下，凯恩斯也是剑桥大学数学专业出身。"

经太："原来如此。"

杉本："虽然现在马歇尔的弟子凯恩斯比他更出名，但他
完成了经济学历史遗留的重要工作。值得一提的是，他提出
了'需求和供给均衡'的框架，将斯密之后的古典经济学和 19
世纪 70 年代出现的'边际革命'（英国的杰文斯、奥地利的
门格尔、法国的瓦尔拉斯几乎在同一时期提出，但之前的先驱
者也不少）融合在一起。边际革命有必要讲讲，我用白板说明
一下。"

均衡价格理论

说完，杉本老师花了大约半个小时，给经太上了如下一课。

古典经济学（下文简称"古典派"）价值论的中心是自然
价格，这个在斯密和李嘉图的部分已经出现过，这可以认为是
均等利润率成立时的生产费用。

价值即由生产费用决定。

但是，根据边际革命的主要倡导者的观点，决定价值的是
边际效用（指把某件东西的消耗量增加 1 个单位时的效用的增
加量）。

他们主张通过边际效用学说来解决斯密所称的价值悖论。
所谓价值悖论就是，水对生命来说是不可或缺的，但是基本上
没有交换价值，与此相对，人就算没有钻石，也能毫无困难地
活下来，但它的交换价值却极高。

这个问题用古典派的价值论没能解决。而边际革命的倡导者们是这样来解释价值悖论的。

水对生命来说是贵重的，但其资源丰富，没有稀缺性，所以边际效用低。（几乎不能定价，非常便宜）

虽然钻石在维持生命方面没有任何作用，但稀缺性高，所以边际效用高。（价格变得极高）

值得留意的是，古典派价值论从生产角度尝试决定价格，而边际革命的倡导者主张从需求角度。像这样，由于正面否定古典派价值观的边际革命倡导者的出现，学术界一时陷入了混乱状态。

但是只有马歇尔冷静地观察着这场争论。

他认为，这两者并不是水和油的关系，而是可以通过明确假定时间长度将它们包含在"需求和供给的均衡"这种框架中。（参见图 2）

杉本："经太，你看看这幅图。现在，纵轴是价格，横轴是供求量。在时间极短的情况下，供给量是现有的有限的一定量。

例如，图 2a 是某天供给鱼市场的鱼的量。供给曲线 S 垂直于横轴。

这种情况下鱼的价格由需求方面的原因，也就是需求曲线 D 决定。

然而'需求和供给的均衡'这样的框架是有效的。原因在于，只看一定量的供给量是不会知道价格在哪里，必须要同时看需求曲线和供给曲线。（交点 E 决定均衡价格和均衡数量。）

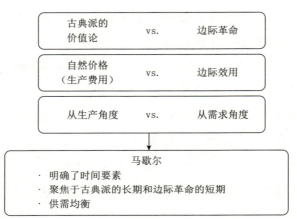

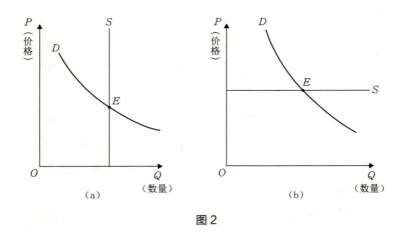

图2

　　但是在短时间的情况下，价格主要是由需求方面的原因决定。

　　马歇尔认为，边际革命的倡导者们肯定是设想了这样的时间。到这里能理解吗？"

经太："能理解。我是第一次见到这种需求曲线和供给曲线的形式。"

杉本："是吗？这次我们设想一个极长时间的话，供给余力就会出现，所以有一定生产费用的商品就能生产，你也可以想象供给曲线 S 和横轴平行的情况。（图 2b）

在这种情况下，价格已经由一定的生产费用决定，但没有需求曲线的话也不能知道由哪里的数量决定，所以还是要看需求曲线和供给曲线两方面。（和上面一样交点 E 决定均衡价格和均衡数量。）

在这里'需求和供给的均衡'框架也应是有效的。但是在长期的情况下，价格还是由生产费用决定。

马歇尔认为，古典派肯定是设想了这样一个长期时间。"

经太："老师，这样对比的话确实很好理解。不管是图 2a 还是图 2b，'需求和供给的均衡'框架是一样的，不一样的只是设想的时间不一样。马歇尔真是聪明绝顶。"

杉本："不愧是凯恩斯的老师啊。总之，马歇尔认为，围绕价值论，如果把古典派和边际革命的对立言过其实地说成是浪费时间的话，是没有建设性的。所以马歇尔写了下面这些内容。"

故此，我们可以得出以下结论。

即，作为一般性原则，考察的时间越短，就必须越多地注意到需求对价值的影响。

而考察的时间越长，生产费用对价值的影响就更重要。

原因是生产费用变化的影响的展现，原则上比需求变化的影响要花更长的时间。

无论什么时候，现实价格，也就是日常所说的市场价格，与持续作用的事件和原因相比，经常受到暂时的事件和偶然且短命的作用的原因的影响。

但是，从长期来看，这些暂时的不规则的原因相互影响的大部分互相抵消，所以持续的原因最终完全支配了价值。

但是，即使是最持续的原因，也容易变化。因为整个生产结构随着时代的变化而变化，各种物品的相对生产费用也经常变化。[1]

经太："老师，那个……"

杉本："我知道你想说什么。你想问在初中教科书中，向右下走的需求曲线和向右上走的供给曲线去哪了？"

---

[1] 马尔萨斯《经济学原理》的英文原著已经被纳入公有领域，可以在网上阅读。地址为：https://oll.libertyfund.org/titles/marshall-principles-of-economics-8th-ed

经太："是的。没错。"

杉本："实际上，这也是马歇尔在自己写的《经济学原理》（1890 年初版，1920 年重刊到第 8 版）中引入的。简单说的话……"

杉本老师边说边在白板上写下暂时均衡、短期正常均衡、长期正常均衡。

马歇尔把时间要素和供给条件的差异联系起来，把资本设备和产量在一定的极短时间内成立的均衡状态作为暂时均衡（用刚才的图 2a 表示），资本设备没有变化，但可以改变现存成套设备的开工率，在这种意义上设想的短期内成立状态作为短期正常均衡（用图 3 表示），以及在通过改变资本设备来调整产量这个意义上设想的长期内成立的状态作为长期正常均衡（用图 2b 表示）。

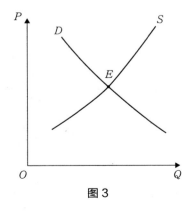

图 3

杉本："到目前为止，马歇尔可以说是第一个仔细地对时期进行区分，提出了'需求和供给均衡'想法的学者。

在马歇尔的时代，'马歇尔交叉图（Marshallian Cross）'这个词被经常用，就是指供需均衡的图。

同时，马歇尔认为自己汲取了英国古典派（斯密→李嘉图→穆勒）的脉络源流，并以此为荣。他还相信，他写的《经济学原理》用边际革命来完善了古典派的逻辑，最终汇总于需均价格衡理论。马歇尔在生前被叫作新古典经济学就是这个意思。"

经太："学习了。第一次知道在需求曲线和供给曲线的背后有这么多故事。和初高中教科书确实不在一个频道。"

杉本："经太你的理解能力已经不错了。"

从杉本老师那里回来后，经太再一次复习了马歇尔的均衡价格的观点，没想到这个也是被初高中教科书引用的原型。

如果是带名字的定理的话还好说，在读教科书的时候，并没太注意这个图是谁设计的，这个公式是谁第一次证明的。今后要注意一下了。

经太觉得从杉本老师那里借的凯恩斯的《人物评传》非常有意思。特别是凯恩斯评价马歇尔的笔触非常敏锐，他指出马歇尔心中有两个自我——科学家和说教者。

　　在 19 世纪的最后 10 年，马歇尔与担任剑桥
道德哲学讲座的两位同事亨利·希吉维克（Henry
Sidgwick）和詹姆斯·沃德（James Ward）一样，
属于智者的类型。而且和他们一样，他被赋予了双
重本性，因此同时他也是科学家。

　　作为说教者，他和其他同类人物相比并无特别
之处。但是，他作为专门领域的科学家，是 100 年
来世界上最伟大的学者。

　　尽管如此，他自身喜好并且给予优先地位的是
他本性中的第一面。他认为这个自我才是主人，而
第二自我只能是仆人。

　　第二自我为了知识而追求知识。第一自我使抽
象目的服从于实际进步的需要。就像拥有敏锐的眼
睛和翱翔的翅膀的鹜一样，为了听从传道人的吩
咐，经常被召回地面。[1]

经太还不太清楚的是，为什么马歇尔更容易被作为说教者
的自我所支配，而不是被作为科学家的自我所支配。经太希望
通过继续学习来发现马歇尔的内在一面。

　　今晚的学习就到此结束吧。

---

[1]　J. M. 凯恩斯：《人物评传》（大野忠男译），东洋经济新报社
（日本），1980 年版，第 232 页。

马歇尔的经济学现状演讲

这里到处都有叫 College 的建筑物，听路人的发音并不是[ˈkɑːlɪdʒ]，而是 [ˈkɒlɪdʒ]，所以这里不是美国，而是英国的乡下无疑了。

终于找了一个写有 Cambridge 字样的地方，这里就是大学里有街道的剑桥大学。

报纸上的日期是 1885 年 2 月 24 日。

虽然不知道发生了什么，但是人们好像都在急着赶路要去听谁的演讲。

先跟着去看看吧。

终于看到了写着 "Alfred Marshall, The Present Position of Economics, Inaugural Lecture, to be delivered on 24 February 1885" 字样的介绍。

就任剑桥大学经济学教授的马歇尔，发表了题为"经济学现状"的就任演讲。

这个得偷偷进去听。

在日本的一些著名的大学，3 月最后一天退休的教授讲"最后一课"几乎成了制度，而在剑桥则有刚成为教授的，可以说是走上正轨的学者进行的"就职演讲"。

不能一概而论哪个更好，但在就职演讲的时候人肯定更年轻。马歇尔生于 1842 年，在演讲时已经 43 岁了。

经太只见过现在流传下来的牧师形象的马歇尔照片，但讲台上的马歇尔更像一名数学家，头脑清晰，充满了要干一番事业的霸气。

演讲以一种高格调开始了。

古典派的权威因边际革命而开始动摇时，受法国的"综合社会学"（比如不承认个别的社会科学，而构想了一种统一的学问"社会学"的奥古斯特·孔德）和德国的"历史学派"（重视各国历史的特殊性，没有正确评价经济理论的作用）的影响的辩论家开始在英国兴起，马歇尔一方面——将其评价为值得学习的观点，另一方面，他反驳说，所谓经济学推论，"并不是具体真理的集合体（Body），而是为了发现具体真理的机关（Engine）"，这是具有普遍性的。

极其礼貌的措辞和对异见的宽容随处可见，但对自己的见解很有自信。

例如，他对于历史学派有如下主张。

经济学家要对事实贪婪，但不能止步于事实。虽然要对历史学派伟大的思想家们表示无限的感谢，但如果说过去直接为当今问题带来了光明，则必须表示怀疑。

为了学习原因是如何单独地或综合地发挥作用而去好好调查事实，为了构建经济理论的原则而去应用这个知识，为了处理社会问题的经济方面而去

援用这个逻辑等，经济学家必须踏实坚持这些辛苦
的计划。他凭借事实之光进行研究，但这光不是直
接投射出来的，而是被科学反射凝聚起来的。[①]

演讲渐渐来到高潮。

马歇尔作为剑桥大学经济学教授必须培养后生，他打算以
什么姿态面对呢？

大家都竖起耳朵听。

马歇尔缓了一口气，以下面这段话结束了演讲。

"优秀人类的伟大母校剑桥向世界送出的人物是有冷静的
头脑和善良的心地的，是面对自己周围社会性的苦恼时甘愿献
出至少全部力量的一部分的，同时，也是为了弄清在向所有人
提供精致高尚的生活所必要的物质手段时，自己能不达目的誓
不罢休到何种程度。为了更多地培养这样的人物，只要我贫
乏的才能和有限的力量允许，我会尽力而为，这是我心中的愿
望，也是最好的努力。"[②]

整个会场响起雷鸣般的掌声。马歇尔看上去也很满意自己
的演讲效果。

"冷静的头脑和善良的心地"——这句话经常被后代的经
济学家引用，而经太只关注该如何平衡"冷静的头脑"和"善

①②　阿尔弗雷德·马歇尔：《经济学的现状》（1885 年，伊藤宣广
译），收录于《马歇尔：冷静的头脑和善良的心地》，米涅瓦书房（日本），
2014 年版，第 31、35-36 页。

良的心地"之间的关系。

　　因为这次是就任演讲的盛大场面，所以难以见到马歇尔。既然好不容易来一次剑桥，那就去看看已经成为旅游名胜的国王学院的教堂和在康河上的叹息桥之类的再回去吧。

后人对马歇尔的评价

　　第二天早上，经太重新读了马歇尔的就任演讲，梦中见到的马歇尔的意气风发好像被直接传达了出来，使经太深受感动。

　　但同时，他仍然不明白凯恩斯指出的马歇尔是科学家和说教者两大本性的矛盾点从何而来。

　　就任演讲结束 5 年后，马歇尔在万般准备下出版了《经济学原理》，在英国经济学学界确立了不可动摇的权威地位。

　　正如杉本老师所说，"供需均衡"的想法瞬间在全世界普及，马歇尔交叉图统治了教科书市场。

　　这是马歇尔不朽的成绩。但是凯恩斯也指出，马歇尔不仅仅如此。

　　经太还是打算把至今为止学习的东西总结成报告，然后寻求杉本老师的指导。

　　用电子邮件发送报告后不久，杉本老师就回信了。

读马歇尔教授的就任演讲有不错的收获啊。那个演讲无论读几次，都能感受到马歇尔的气概。但是，说到马歇尔的功绩，前几天告诉你的"供需均衡理论"可以说是保留在现在教科书的一项成果也不为过。马歇尔在《经济学原理》的第五篇中展开了供需均衡理论。

从这里开始稍稍有点复杂，马歇尔也提示过。供需均衡理论应该是在经济学的初级阶段教授的内容，在它前面还有"有机生长理论"（也叫作"经济生物学"）。至于"有机成长理论"是什么，没有图和数学式来说明，只能通过马歇尔的只言片语来想象。和供需均衡理论多使用力学类推相对，有机生长理论多使用生物学类推。

《经济学原理》的第6篇涉及国民收入的分配，马歇尔打算就此展开由人性进步（教育带来的劳动者的素质提高和学习经济骑士道的企业家的公共精神等）而支撑的分配理论。

但是，大部人评价第6篇中即使有"有机生长理论"的提示，也没有成功地将其展开。世人所认为的马歇尔做出最重要贡献的工作，和马歇尔自己作为经济学本来的课题所追求的工作之间的相悖，是一直困扰马歇尔研究者的问题。用凯恩斯的话说，马歇尔在过了壮年接近暮年时，作为说教者的本性比科学家更加突出。

关于经济骑士道的演讲也不长，所以我建议你一定要读一下。所谓经济骑士道，简单来说是指企业家比起赚钱，更愿意为了公共目的而积极地提供所积累的财富的态度。但是这种态度很少见，在马歇尔时代更是稀有。

如果是辛辣的批评家，也许会说这和听马歇尔的说教一样没意思。不仅如此，我认为凯恩斯对马歇尔的两个本性之间的矛盾的评传真的是很好地突出了本质。

读完回信，经太陷入了思考。经太拿出从杉本老师那儿借的书，找出了有经济生物学和经济骑士道这些词的论文。确实，有倒是有，但是完全不明白具体想表达什么。

每到春天，叶子就会生长，在迎来全盛期，过了巅峰状态之后就会枯萎。在每一年的此期间，树木都会向巅峰状态生长，过后就走向衰微吧。

在这里我们用生物学类推来看一下。也就是说，商品和服务的价值在某个中心点周围波动，其中心点本身从长期来看也是处于波动的状况。需求和供给的平衡或均衡，在经济学更加先进的阶段，越来越加强了这种生物学基调。经济学家门格尔认为，与其说是动态经济学，不如说是经济生物学。[①]

　　生意场中的骑士道，鄙视廉价的胜利，乐于对需要帮助的人伸出援手。在这个过程中不会小看所获得的利益，但是对于精彩战斗的战利品，或者武术大会的奖品，尊重它们是因它们所证明的功绩，而对它们在市场上的货币价值只给予次要的评价，这是骑士所拥有的卓越的自尊心。[②]

　　马歇尔作为有名的经济学家在内心也有错综复杂的想法，这对经太来说是新的发现，但不能动摇的是，他是一名优秀的教师以及在剑桥为世界培养了能引以为傲的优秀弟子这些事实。

　　马歇尔的接班人，剑桥大学经济学教授阿瑟·赛西尔·庇古（Arthur Cecil Pigou，1877—1959），在其主要著作《福利经济学》（1920 年初版）中，扩大了老师马歇尔导入的"外部经济"（特定企业和产业的活动对外部环境造成的负面效果），打开了一条能和今天的环境经济学相衔接的道路。

　　马歇尔最著名的学生要数上文几次提到的《人物评传》的作者约翰·梅纳德·凯恩斯（John Maynard Keynes，1883—

---

　　① 《分配和交换》（1898 年），收录于《马歇儿：冷静的头脑和善良的心地》，米涅瓦书房（日本），2014 年版，第 208 页。

　　② 《经济骑士道的社会可能性》，收录于《马歇儿：冷静的头脑和善良的心地》，米涅瓦书房（日本），2014 年版，第 130-131 页。

1946），他在之后的著作《就业、利息和货币通论》（1936年）中提出了新古典经济学中欠缺的国民收入（就业量）决定理论，给世界经济学界造成了冲击。凯恩斯造就的伟大事业被称作"凯恩斯革命"。

但是，与早期的狂热赞美相比，今天的学术界认为凯恩斯经济学是将剑桥学派中的内容重新构建并且模型化的观点越来越有分量。不仅如此，凯恩斯是不输于马歇尔的伟大经济学家，这一点是毋庸置疑的。

经太对经济学的学习，终于也快接近尾声了。

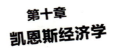

第十章
凯恩斯经济学

经济学家和政治哲学家们的思想，不论它们在对的时候还是在错的时候，都比一般所设想的要更有力量。的确，世界就是由他们统治着。

——约翰·梅纳德·凯恩斯

凯恩斯的报酬论

最开始，经太不知道马歇尔是凯恩斯这样著名经济学家的老师。

在高中政治经济课和世界史的教科书中有凯恩斯的名字，所以朋友们至少应该听过这个名字。

但是，在政治经济课上教下面这些内容时，做梦也没想到会这么深入地涉及经济学。

欧洲爆发的第一次世界大战结束后经济持续混乱，而美利坚合众国在 20 世纪 20 年代迎来了"柯立芝繁荣"。1929 年，美国股价暴跌，企业破产和失业大规模出现，并且波及全世界。史称"大萧条"。

世界各国为保护本国产业，解决国际收支危机而提高关税，结果导致贸易萎缩，进而导致经济下行。

在此情况下，美国总统罗斯福实施大规模公共投资以避免萧条，同时采取保护劳动者权利的政策（罗斯福新政）。

英国经济学家凯恩斯提出了有效需求的大小决定社会整体的产出量、国民收入、就业量的观点。他主张除了消费和投资外，出口额和进口额的差额和政府财政支出也构成了有效需求，所以要实现完全就业，必须通过公共事业创造有效需求。[①]

教科书上的文章并不是不能理解，但杉本老师总是教导要做条理清晰的理论模型，让经太也不知所以。

经太边想问题边走路，来到了杉本老师的住所。

现在经太在教荣一数列，在看到练习题的时候，就想起了初中算术的入学试题。

说起来，经太也有印象。

数字排列在一起，有某种规律性。但是，参加考试的小学 6 年级学生并没有等差数列、等比数列或者其他更复杂的数列的知识。那为什么知道第 10 或第 100 个数字呢？如果懂数列的话就很简单，但对于小学 6 年级学生应该是个难题。荣一好像也是学习了数列后，才理解这种题原来是这个原理。不管在哪个时候，考生总是很辛苦的。

杉本老师在书房里对着《凯恩斯全集》好像陷入了沉思。

---

①　日本高等学校教科书《详说政治经济》，山川出版社，2015 年版，第 111 页。

经太正在考虑要不要打扰老师，就被看到了。

杉本："终于学到凯恩斯了呢。"

经太："是的。但因为这个人太有名，所以不知道从哪里开始学，比较茫然。"

杉本："没事。凯恩斯超越了他的老师马歇尔在经济学方面的成就，完成了革命，所以我们采取正面战术，通过和马歇尔的对比来学习。"

经太："高中的政治经济课上说，凯恩斯经济学是大萧条的产物，有效需求在决定国民收入和就业量中起着重要的作用，但为什么这样说却没有给出具体的经济模型。"

杉本："果然高中没有教到那个程度。我会逐个告诉你，别担心。"

经太："谢谢您。拜托了。"

杉本老师马上转向了白板。（参考图 4）

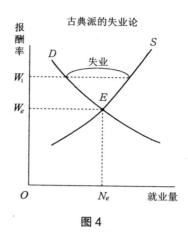

图 4

他首先解释了在凯恩斯之前的失业论。

凯恩斯把包含马歇尔在内的在自己之前的经济学称作古典派。需要注意的是马歇尔常常被叫作新古典派。

凯恩斯用古典派这个词概括了在自己之前的理论，是因为古典派是基于萨伊定理（之前在李嘉图和马尔萨斯的争论中被称为萨伊的销售定理，其观点为供给创造自身需求）。其具体含义稍后再讨论。

古典派在劳动市场的供需框架下研究了失业问题。在马歇尔那里学习了商品均衡价格的观点，那这个思路用在劳动市场中会怎么样呢？

报酬率（只不过这里不是像一小时 1 000 日元的那种名义报酬，而是除以物价指数的实质报酬）上下伸缩移动的话，劳动市场中，在劳动需求曲线 D 和需求曲线 S 交叉的 E 点，确定均衡报酬率 W 和均衡就业量 N。在均衡就业量下，劳动供需均等，失业为 0。

假设因为某些理由，报酬率没有降到 W_1 以下。

这里的某些理由有很多，常见的例子是工会的抵制。这种情况下，劳动供给大于劳动需求，出现了图 1 中所示的失业部分。凯恩斯用这样的报酬论可以解释的是，失业中也有自发性失业和摩擦性失业。

自发性失业，是指在那种报酬率下，比起去工作，劳动者更愿意保持找工作和休息的失业状态。而摩擦性失业是因现实中的经济起伏，比如产业停滞而导致的暂时性失业。

然而，凯恩斯关心的不是自发性失业，也不是摩擦性失业，而是劳动者愿意接受现行工资水平与工作条件，但仍找不到工作而形成的失业，这种意义上的"非自愿性失业"。

有效需求原理

有效需求在高中政治经济的教科书中也讲到过，放在国内的话，就是消费需求和投资需求。这个思路会在后面提出凯恩斯经济学最简模型时再讨论。

凯恩斯认为有效需求和萨伊定理是完全相悖的。

因为后者认为生产的东西全部会被需要（供给创造自身的

需求），而前者却主张生产受需求制约。

经太："老师，我知道如果工资率有伸缩性的话，劳动的供求就会一致，但这个不能说明所有生产的东西都会被需要，是吧？"

杉本："是的。但古典派考虑周全，除了报酬率的伸缩性外，还准备了利息率的伸缩性这一支撑。

古典派的利率在金融市场中起到了调整投资和储蓄的作用，这也可以用马歇尔的供需均衡框架来表示。（参考图 5）

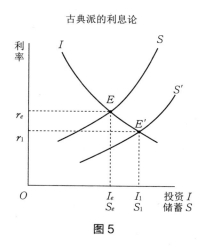

图 5

投资曲线 I 往右下走的话，利率越低投资越扩大。

相反，储蓄曲线 S 往右上走表示利率越高储蓄越扩大。

在 I 和 S 交叉的 E 点确定了均衡利率 r_e、均衡投资量及储蓄量（I_e 和 S_e）。

到这里能听懂吧。"

经太："能听懂。"

杉本："假设现在消费减少，消费品产业出现了失业。

根据古典派的理论，消费减少 = 储蓄增加，S 向 S' 转换，均衡点 E 向 E' 转换。即利率降低（从 r_e 到 r_1），均衡投资量及储蓄量比之前增加（从 I_e 到 I_1，S_e 到 S_1）。也就是说，消费减少暂时导致失业增加。如果利率有伸缩性的话，立即降低利率增加投资，消费品产业的失业就会因消费品产业就业的扩大而抵消。

经太，如果报酬有伸缩性的话，那劳动的供需常常有对等的倾向（实现完全就业），利率有伸缩性的话，那投资和储蓄也会有这样的倾向。就是说，通过劳动生产出来的东西，全部被作为消费产品或者投资产品而需要。萨伊定理成立的关键就是这个。"

经太："古典派的理论是这样的吗？很不错呢。"

杉本："但是凯恩斯否定了萨伊定理，取而代之提出了'有效需求原理'。"

杉本老师再次转向了白板。

凯恩斯的直觉是，非自发性失业并不是因为报酬率高于均衡水平而产生的，而是因社会整体的有效需求（被实际货币支出所支撑的需求，放在国内就是消费和投资的合计）不足而产生的。现在的问题是如何论证这个直觉。

现在，假设一种没有外贸和政府经济活动的封锁经济，时间轴的话考虑马歇尔意义上的短期（人口、资本设备、技术的分配）。（也可以将外贸和政府经济活动明确地导入模型中，或者使人口、资本设备、技术等变化将模型长期化，但为了更接近问题的本质，我们需要一个简单模型。）

根据凯恩斯的观点，国民收入在供给层面表示国民产品的供给，在需求层面表示消费和投资的合计，国民收入的均衡水准在两者等同的地方确定。

凯恩斯在这里针对消费 C 和投资 I 设定了重要的假设。（参照表 10-1）

表 10-1

$Y=C(Y)+I$	(1)
$S(Y)=I$	(2)

也就是说 C 随着国民收入 Y 的增加而增加。

C 的增加不及 Y 的增加。

用数学来表示就是 $0<\Delta C/\Delta Y<1$，$\Delta C/\Delta Y$ 叫作"边际消费倾向"。

另外首先假设 I 从 Y 独立出来并赋予一定额。

那么产品市场的均衡条件通过表 10-1 的（1）式表示。

凯恩斯把储蓄 S 定义为 $Y-C$。（1）式也可以替换成（2）式那样。原因在于 C 是 Y 的函数，定义成 $Y-C$ 的 S 也是 Y 的函数。

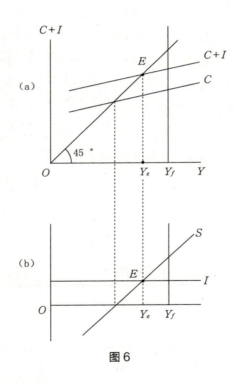

图 6

以上的图示是图 6 的 a 和 b，在 $C+I$ 和 45 度线的交点 E 那里决定均衡收入 Y。

在 45 度线上，$C+I$ 和 Y 常常等同，光凭这点是不知道均衡收入在哪里的。

因此，可以认为作为 Y 的函数的 C，和加上一定金额投资 I 的 $C+I$，以及 45 度线的交点，决定了均衡收入 Y。要注意这种情况下的均衡收入 Y_e 比完全就业对应的收入 Y_f 低。

图 6b 是以对应图 6a 的形式绘制。

在此图中，在水平于横轴的表示一定金额的 I，和 Y 的函数 S 的交点 E 这里决定均衡收入 Y。这个均衡收入也比完全就业对应的收入 Y_f 低。

均衡收入比完全就业对应的收入还低的情况下，就产生了非自发性失业。所以为接近完全就业，就必须考虑将 $C+I$ 往上方移动的政策。

比如通过减税增加消费，或者降低利息增加投资。如果做了这些努力还不够的话，那么政府就算造成自身赤字也要实施公共投资。

这些有效需求加强政策一般被称为"凯恩斯政策"（但是这是经济不景气时的政策，过度增加有效需要产生通货膨胀时就要采取相反政策，比如增税、加息、削减公共投资等）。

投资决定论

经太："老师，我读新闻的时候，发现出现凯恩斯政策的文章基本都是以经济不景气时的财政政策为背景的，不知是不是这样？"

杉本："也不能说全错，只能说比较片面。因为到目前为止凯恩斯经济学只教了一半。你接着听我讲下去。"

经太："好的。"

说完，杉本老师开始解释凯恩斯的投资决定论。

在刚刚使用 45 度线的模型中，投资和收入独立开来并被假设一定金额。但是凯恩斯接下来又提出了投资是如何决定的理论。

他认为，投资是由"资本边际效率"（简单讲就是"预计利润率"）和利率的关系决定。

企业家在决定投资行动的时候，在资本的边际效率 m 和作为资金借入成本的利率 r 之间比较，$m>r$ 时扩大投资，$m<r$ 时削减投资，最终在 $m=r$ 时决定投资。

现在，资本的边际效率虽然表述成"预计利润率"，但这个预计是企业家作出，暗含有急剧变化的可能性。

凯恩斯预测到投资决定会暴露在"不确定性"（无法通过概率计算还原为可测量的状态，在推测预期收益时的知识基础非常脆弱）中，因此它可能使资本的边际效率产生剧变，并使投资（由和利率的关系决定）产生剧变。

但是，如果资本的边际效率表是给定的（给定不变化的），投资会在利率降低的情况下增加。

杉本："经太，还跟得上吧？"

经太："资本边际效率这个词虽然不怎么熟悉，但是很有意思。"

杉本："有一位叫乔治·沙克尔（George Shackle，1903—1992 年）的经济学家说过，企业家的期望像万花筒一样转变。"

说完，杉本老师又开始解释利息率问题。

古典派认为，应用供需均衡框架，向右下降的投资曲线和向右上升的储蓄曲线的交点决定利息率。（参见 P209 图 5）

但是，凯恩斯却认为这种观点错误地将利息率视为了储蓄的报酬。

我们在取得收入后，首先要决定从其中消费多少，然后决定为了将来要储蓄多少。

凯恩斯讲到，古典派仅仅看到这些，就把利息率当作是储蓄的报酬。实际上还有一个问题，就是要决定那些储蓄中有多少以现金的形式持有，有多少借给别人（即持有债权）。

而且，利息率是储蓄的货币借给别人时才作为报酬产生的。

因此，凯恩斯将利率定义为"在一个特定期间内放弃流动性的报酬"[1]。

在这里，所谓流动性，是交换的容易性和价值的安全性的总称，但流动性最高的是货币，根据上下文几乎使用等同于货币的意义。

流动性偏好理论

凯恩斯将自己的利息论作为流动性偏好理论提出。根据该理论，利率是由中央银行的政策决定的货币供给量 M 与流动性偏好 L 的关系决定的。

他在《就业、利息和货币通论》（1936 年）——有时也略写为《通论》——中说，货币供给量是由中央银行政策决定的"外生常数"。也就是说 M 是一定的。

流动性偏好大致可分为两部分。一种是基于"交易动机"（用于进行日常交易）和"预备动机"（用于防备意想不到的事态）的货币需求 L_1，可以看作是国民收入 Y 的函数。另一种是基于"投机动机"（通过比市场更早读取利率的动向，和与

---

① J. M. 凯恩斯：《就业、利息和货币通论》上卷（间官阳介译），岩波书店（日本），2008 年版，第 231－235 页。

编者注：参考《就业、利息和货币通论》（高鸿业译），商务印书馆，1999 年版，第 171 页。

它相反动向的债权价格动向来获得利益）的货币需求 L_2，可以看作是利率 r 的函数。

以上，表示产品市场均衡的 $I(r) = S(Y)$ 和表示货币市场均衡的 $M = L_1(Y) + L_2(r)$ 就齐全了。（参考表 10-2）

表 10-2

产品市场均衡	货币市场均衡
$I(r) = S(Y)$ （1） 如果给定资本的边际效率表，投资 I 是利润率 r 的函数。即（Ir）。 此外，（1）式表示国民收入 Y 的函数即储蓄 $S(Y)$ 的均等。	$M = L_1(Y) + L_2(r)$ （2） 货币供给量是外生常数（即一定）。流动性偏好可分为国民收入 Y 的函数 $L_1(Y)$ 和利润率 r 的函数 $L_2(r)$。（2）式表示货币供给量和流动性偏好的均等。

杉本："经太，到这里可能讲了不少了，再加把劲。"

经太："好的。已经记了很多笔记，回家后再读一遍。"

杉本："那就向终点冲刺吧。"

杉本老师又在白板上画了一幅图。（参见图 7）

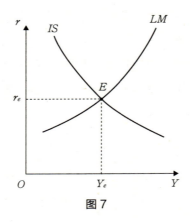

图 7

纵轴表示利率 r，横轴表示国民收入 Y，往右下降的 IS 曲线是由产品市场均衡 I（r）=S（Y）导出的。

往右上升的 LM 曲线是由货币市场均衡 $M=L_1$（Y）+L_2（r）导出的。

IS 曲线和 LM 曲线的交点 E 同时决定了国民收入 Y 和利率 r。

为什么 IS 曲线会往右下降？总而言之，如果给出资本的边际效率表，利率的下降就会带来投资的增加，但是要产生与增加的投资相当的储蓄量，国民收入就必须增加。因此才往右下降。

为什么 LM 曲线会往右上升呢？

原因是国民收入增加导致基于交易动机和预备动机的货币需求增加，但货币供给量是一定的，所以为了用剩下的货币量来满足基于投机动机的货币需求，就必须要增加利率。

　　像这样，首次用国民收入和利率同时决定的形式来解释凯恩斯"有效需求理论"的是一位英国学者约翰·希克斯（John Hicks，1904—1989）。现在的教科书很多时候并没有写*IS/LM*是希克斯创立的，但这个解释被作为凯恩斯经济学精髓继承下来了。所以至少应该知道希克斯这个名字。

　　也有人批评说，将凯恩斯的《通论》的精华浓缩成一幅图是不可能的。确实，这么说的话，部分是正确的。但*IS/LM*的应用范围很广，之后的凯恩斯学派学者对其进行扩张，在编写教科书时充分利用了它。（参见图8）

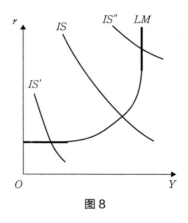

图8

　　在图8中，*LM*曲线的左侧描出了水平部分，右侧描出了垂直部分。

　　水平部分在经济严重不景气时出现，在这里，金融政策几乎无效，影响 *IS* 曲线的财政政策的作用很大。（*IS* 曲线变动的话利率没有变化，只有收入变化。）相反，垂直部分是古典派的领域，不伴随金融政策的财政政策几乎没有效果。（即使 *IS* 曲线变动，也只有利率变化，而收入不变化。）简单地说，垂直部分已是完全就业，即使将 *IS* 曲线向上移动，也只能增加名义收入而不是实际收入。

杉本："经太，对于凯恩斯经济学没必要一下子全部弄懂，如果有不懂的地方，随时给我发邮件。"

经太："谢谢。第一次学到这种理论，让人觉得这就是经济学的模范啊。里面有些难的地方，我回家后再读一遍笔记。"

本次学习内容的确满满当当。

但是杉本老师非常用心地教，自己也必须要努力。

借的几本参考书中最有趣的要数凯恩斯写的这本《通论》了。

当经太听资本边际效率的内容时，很容易就理解它因依赖企业家预想而容易剧变，属于凯恩斯的不确定性世界。但是，企业家在"不确定性"面前畏手畏脚的话，投资不就完全不能进行了吗？怀着这样的疑问读了《通论》后，发现凯恩斯是这样说的。

除了投机所造成的经济上的不稳定性以外，人

类本性的特点也会造成不稳定性，因为，我们积极
行动的很大一部分系来源于自发的乐观情绪，而不
取决于对前景的数学期望值，不论乐观情绪是否出
自伦理、苦乐还是经济上的考虑。

关于结果要在许多天后才能见出分晓的积极
行动，我们的大多数决策很可能起源于动物的本
能——一种自发的从事行动，而不是无所事事的冲
动；它不是用利益的数量乘以概率后而得到的加权
平均数（指数学期望值）所导致的后果。

不论各个企业以何种坦率而真诚的程度来宣称：
它们从事经营的主要动机已由企业的组织章程所说
明；它们在实际上不过是把它们的动机假装成为如此
而已。事实上，根据对将来的收益加以精确计算后而
作出的经营活动只不过比南极探险的根据稍多一些。

因此，如果动物的本能有所减弱，而自发的乐
观精神又萎靡不振，以致使我们只能以数学期望值
作为从事经营的根据时，那么，企业便会萎缩和衰
亡——虽然对企业的前景看好和看坏的数据和以前
没有什么不同。[1]

---

[1]　J. M. 凯恩斯：《就业、利息及货币通论》上卷（间宫阳介译），
岩波书店（日本），2008 年版，第 223-224 页。

编者注：参考《就业、利息和货币通论》（高鸿业译），商务印书馆，
1999 年版，第 165 页。

经太从小学到高中，看到过几次日本经济无法从长时间的停滞中摆脱出来的报道，从凯恩斯的观点来看，就是企业的血气衰退吧。

帕西内蒂模型

另外在看参考书的时候，经太发现了一张能清晰理解凯恩斯思维模式的图表。（参考表 10-3）

表 10-3

帕西内蒂模型

$$\Psi(L, \bar{M}) \rightarrow r \rightarrow \Phi(E, \quad r) \rightarrow I \nearrow \begin{matrix} Y \\ C \end{matrix} \begin{cases} Y = C + I \\ C = f(Y) \end{cases}$$

L（流动性偏好）、M（货币供给量）、r（利率）、E（表示资本边际效率表位置的系数）、I（投资）、Y（国民收入）、C（消费）

凯恩斯的直觉是，非自发性失业不是因为报酬率高于均衡水平，而是因为社会整体的有效需求（国内的情况就是消费 C 和投资 I）不足而产生的。

在有效需求中，C 是国民收入 Y 的稳定函数（边际消费倾向取小于 1 的正值），所以只要 I 决定了，Y 就可以决定。（国民收入决定理论）那么，至于 I，它是由资本的边际效率 E 和利润率 r 的关系决定的。

如果 *Y* 被给定的话，那 *I* 就成了 *r* 的函数。那么 *r* 就是根据货币供给量和流动性偏好的关系来决定的（流动性偏好说）。将以上内容图表化的就是表 10-3 的帕西内蒂模型。这并不像 *IS/LM* 那样同时决定国民收入和利率，但它的优点是明确地提出凯恩斯认为人们追求的"货币热爱"是大量失业的终极原因。如果对将来感到不安的话，人们的流动性偏好就会变强，所以由与货币供给量的关系决定的利率会变得比较高。高利息率和受不确定性影响而动荡的资本边际效率结合后，投资就确定在极低的水平上。投资少的话，就像从国民收入决定理论中学到的一样，收入就会变少，只能实现比完全就业低得多的就业量。

原来如此。这是经太看到这里的感受。*IS/LM* 在提出凯恩斯经济学模型的"完结性"这一点上非常优秀。但是，要把握凯恩斯的思维方法，帕西内蒂模型更容易理解。并不是说哪个更好，而是说两个都知道的话会加深对凯恩斯经济学的理解。

今晚学了不少了，好好睡一觉吧。

宏观和微观经济学的形成

梦中，经太来到了位于英国苏塞克斯郡蒂尔顿的凯恩斯别墅。到处都很安静，看来二战已经结束了吧。

虽然不知道为什么来这里，但一定是上帝的指引。读一下凯恩斯传记的话会发现，与其说他是单纯的经济学家，不如说他有政治家、企业家、记者、艺术爱好者等多个面孔。凯恩斯真称得上是 20 世纪的伟人！

经太并不是想问凯恩斯关于《通论》的细节。因为刚开始学习，所以也不太清楚。但有一点无论如何也要请教。凯恩斯因为过度劳累而导致心脏病发作了几次，据说晚年多因病卧床。问了一下什么时候方便拜访，答复说等 5 分钟。

经太被叫了进去。

凯恩斯："你是远道而来呢！"

经太："凯恩斯博士，很荣幸能见到您。您身体还好吧。能请教一个问题吗？"

凯恩斯："什么问题？"

经太："您在《通论》的最后一章中暗示，如果采用您的有效需求原理，那么古典经济学就会恢复其有效性。这算是对古典派的让步吗？"

凯恩斯："因为《通论》是以引起争论的形式写的，所以很多专家读起来觉得好像全盘否定了从斯密到马歇尔的古典派传统。但是，我为自己参与了斯密以来的英国自由主义谱系而自豪，所以并没有完全否定这一点的意图。只是问题是，古典派在事实上设想了极少实现的完全就业。这种观点不得不被否定。因此我提出了'有效需求的原理'。剩下的问题是，通过总需求管理实现完全就业时，市场能否像古典派设想的那样顺利地发挥作用。

我的学生琼·罗宾逊（Joan Robinson）说，她最好的朋友米豪·卡雷茨基似乎正在导入不完全竞争理论，想把它与有效需求原理结合起来。也许那也是一种思路。但是，如果认为我暗示了古典派会复活的话，是因为字里行间包含着'经济学之父斯密的智慧是伟大的，即使有一部分需要修改，他的自由主义也必须被继承'这一层意思吧。也许这个答案不能让你满意，但我想说的只能到此了。"

经太："明白了。谢谢您抽出宝贵的时间。"

凯恩斯："不用拘泥礼节，祝你好运。"

虽然凯恩斯没有以前的气概，也显露出疲惫之态，但思维很清晰。

1946 年 4 月 21 日，他因心脏病发作在别墅去世，享年62 岁。世界各地的媒体报道了他的去世讣告。

有人说，他为了英国，不，是为了"大英帝国"拼命工作，如同殉国。也许事实就是这样。但是，他自己也一定为能服务伟大祖国而感到满足。

第二天早上醒来的经太，为能在梦中见到凯恩斯感到非常满足。他提的问题，翻开参考书看，似乎是到现在仍没有解决的问题。

凯恩斯的《通论》成了现代宏观经济学的古典著作。他的老师马歇尔的均衡价格的想法在二战后被囊括在里昂·瓦尔拉斯的一般均衡理论中，形成了美国现代微观经济学的基础。

即使在现在，经济学的基础理论仍然被分成微观和宏观两个部分教授。经太用跑步前进的步伐学习了从斯密到凯恩斯的经济学，虽然可以说凯恩斯是和宏观经济学联系起来的，但是将微观经济学理解为斯密的"看不见的手"的理论化产物还有相当大的问题。

新闻报道也要小心阅读。经济学的世界，不恰当地说，是惊险的。而经太打算进入这个世界看看。

恳切教导的杉本老师，和促成这层缘分的后辈荣一值得由衷感谢。

平时经常眺望的景色不知为什么也耀眼起来。

人生第一次在学习后能有这样的心情。

为了更深入地学习经济学

　　这次是笔者第一次采用小说形式编写的经济学入门书。之所以这样做，是想把高中之前的教科书中学习的经济学和进入高等院校后正式开始学习的经济学衔接起来。虽说是虚构，但本书中出现的经济学理论和思想的解说却不是戏说。

　　但是，当笔者以主人公高中生经太、他辅导的初中生荣一和荣一父亲经济学家杉本先生等人物开始构思写作的时候，感觉还是有什么地方不到位。因此，文中引入了经太与伟大经济学家们对话这一虚构形式。当然因为是虚构，所以对话的内容是杜撰的，但在伟大经济学家的解答中，笔者调动了迄今为止所学的所有知识，总结成该人物娓娓道来的话语。笔者曾数年关注初中、高中的教科书是如何表述经济学和经济问题的，偶尔也会参考它们。因为那些教科书是经过长时间准备而编纂的，所以有很多地方完善度很高。

　　但是，它们关于经济思想和经济理论的描述，从严肃学问的角度看随处可见一些可能招致误解的内容。所以，一方面从更高的标准重新审视，一方面想写经济学的入门书的想法愈加强烈了。本书就是这种尝试的产物。

　　如果读了本书，有志于更加深入地学习经济学的话，就没那么轻松愉快了。正如本文所阐述，经济学的基础理论分为微观经济学和宏观经济学，在这些领域中也出现了很多国外一流的经济学者们（如曼昆、斯蒂格利茨、克鲁格曼等）写的高水平的教科书。这些都是为有志者做的最低限度的文献指南。